与图书馆学携手一生

——吴慰慈图书馆学文集

吴慰慈　著

国家图书馆出版社

图书在版编目（CIP）数据

与图书馆学携手一生：吴慰慈图书馆学文集 / 吴慰慈著 . — 北京 ： 国家图书馆出版社，2023.12
ISBN 978-7-5013-7532-5

Ⅰ.①与… Ⅱ.①吴… Ⅲ.①图书馆学－文集 Ⅳ.① G250.1-53

中国版本图书馆 CIP 数据核字（2022）第 134980 号

书　　名　**与图书馆学携手一生——吴慰慈图书馆学文集**
　　　　　YU TUSHUGUANXUE XIESHOU YISHENG——WUWEICI TUSHUGUANXUE WENJI
编　　者　吴慰慈　著
责任编辑　张　颀
封面设计　项梦怡

出版发行　国家图书馆出版社（北京市西城区文津街 7 号　　100034）
　　　　　（原书目文献出版社　北京图书馆出版社）
　　　　　010-66114536　63802249　nlcpress@nlc.cn（邮购）
网　　址　http://www.nlcpress.com
排　　版　北京旅教文化传播有限公司
印　　装　北京科信印刷有限公司
版次印次　2023 年 12 月第 1 版　2023 年 12 月第 1 次印刷

开　　本　880mm×1230mm　1/32
印　　张　8.75
字　　数　175 千字
书　　号　ISBN 978-7-5013-7532-5
定　　价　88.00 元

2017 年在北京大学信息管理系资料室（顾晓光　摄）

初中时代与班主任合影

大学时代

天津图书馆任职期间与同事合影（前排左一）

1974 年在内蒙古为函授生上课

在北京大学信息管理系新生开学典礼上致辞

1996 年 8 月参加在北京召开的第 62 届国际图联大会

1998 年 8 月参加在阿姆斯特丹召开的第 64 届国际图联大会
左起：杜克、吴慰慈、孙蓓欣、李昭醇

1998 年 9 月与李德竹（中）、庄守经（右）在卢沟桥合影

1999 年指导的第一个博士研究生关飞霞论文答辩会后合影
前排左起：辛希孟、倪波、周文骏、彭斐章、孟广均、吴慰慈、王锦贵；
后排左起：王益明、高波、张久珍、许桂菊、关飞霞、付守灿、肖东发、
　　　　　董焱

1999 年 11 月在"刘国钧先生百年诞辰学术研讨会"上发言

2001 年 8 月赴美参加第二届中美图书馆会议（左一吴慰慈，左四周小璞）

2006 年参加在中山大学召开的海峡两岸图书资讯学学术研讨会
（右为胡述兆）

2006 年 9 月参加北京大学图书馆学高层开放论坛

2008 年博士论文答辩会后合影

2009 年 10 月受聘安徽省图书馆荣誉馆长

在北京大学信息管理系楼前

2010 年在北京大学三院信息管理系门口

2011 年在北京大学三院门前与博士生合影

2013 年吴慰慈夫妇在家中与李炳穆（右一）合影

2016 年 9 月 26 日在北京大学信息管理系接受访谈

2016 年八十大寿在北京大学勺园合影

2018 年浙江省图书馆新馆专家讨论会合影

2019 年在北大接受学生记者采访

吴家教授尚孝道

慰護高堂超過列

慈愛弟子如家人

士林學界風評高

慰慈教授雅正

靜嚴 胡述兆

二〇一八戊戌仲夏 臺灣桃園

2018 年台湾大学胡述兆教授赠诗

目　录

致读者

亲爱的读者朋友，你们好！

　　非常感谢国家图书馆出版社的厚爱，让我有机会翻翻老照片，回想一下与图书馆学结缘的岁月。从 1957 年考入北京大学图书馆学专业算起，至今已有 66 载，真的是携手一生了！在这六十多年中，我见证了图书馆学和图书馆事业的发展，见证了传统图书馆到复合图书馆的转型，也见证了我国公共文化服务体系从薄弱到兴盛的历程。尤其是改革开放以来，图书馆学国际交流逐渐增加，中文已成为国际图联（IFLA）的官方语言之一，许多中国学者已成为 IFLA 的专家，中国经验连续多年获得 IFLA 优秀案例奖，我们对中国文化越来越自信。

　　作为教师，我也欣喜地看到图书馆学硕士点、博士点从无到有，招生规模从小到大。"图书馆学基础"这门课我讲了 40 多轮，每次授课都要补充最新的学术内容和行业见闻。因为信息技术尤其是互联网技术触发的变革是颠覆性的，我们必须紧跟前沿培养人才。我相信，本专业的教师、学生和图书馆工作人员，在教学、科研和业务发展的过程中，也都是力争朝夕、孜孜以求的。一代人有一代人的责任和使命，我们都是奋斗者。

　　2009 年，为庆祝改革开放 30 年，北京市社会科学界联合会联合首都师范大学出版社出版"北京社科名家文库"，以自选集的形式每年推出一批专家文稿。《图书馆学文稿：吴慰慈自选集》就是在这个背景下于 2017 年出版的，分为基础理论、资源建设和图书馆学教育三个部分。此次国家图书馆出版社选编的《与图书馆学携手一生——吴慰慈图书馆学文集》既有以往未出版的讲话稿和大事记，也有几篇颇具时代特征的文章。为了使此书更具可读性，还增加了一些照片和学生的随笔。感谢国家图书馆出版社编辑邓咏秋和张颀的辛勤付出。也谢谢我的学生们帮我整理稿件，他们的随笔唤起了我与青年学子们燕园流连的美好记忆。

　　谢谢大家！

吴慰慈

2023 年 7 月

为学与做人

学术自述 [①]

一

我的学术生涯得从中学时代说起。在一个人的求学道路上，中学是积累文化知识、养成好的学习习惯的重要阶段。我是 20 世纪 50 年代初考入安徽省枞阳县浮山中学的。该校坐落于安徽省五大名山之一的浮山东麓，环境清幽，风景宜人，是安庆地区的一所名校。它拥有一支优秀的教师队伍，文科和理科的主讲老师都很优秀。当时学校办学条件不是很好，生活比较清苦，但学习风气甚浓，的确是读书求学的好地方。我对于中学时代的深刻记忆就是刻苦求学，发奋读书。当年早晨起床很早，念两个小时的英语，紧接着便是上课、做作业、读课外书，整天忙个不停。课前预习，课后复习，定期总结，不懂就问，这是我在中学阶段始终坚持的学习方法。我的学习成绩在全年级中一直名列前茅。

二

1957 年 7 月，我在浮山中学高中部毕业，参加了全国统

① 原文发表于 2017 年首都师范大学出版社《图书馆学文稿：吴慰慈自选集》。

考，并以高分被北京大学录取，进入图书馆学系学习。北京大学是中国最负盛名的高等学府之一，当时我特别看重的是大学的名气，对于所学的专业考虑不多。因为我从小就喜欢看书，认为将来要是能在图书馆工作，看书会很方便。没想到，与图书馆学的缘分来得如此自然，这一牵手，便是一辈子。

　　刚进北京大学图书馆学系求学时，我很年轻，不满20岁，当时没有别的想法，认为学这个专业就应该钻研这个专业，努力在这个学科领域内做些事情。首先是在学习上狠下功夫，每一门课程、每一个环节都学扎实。我不满足于老师在课堂上讲授的知识，课后我看了许多图书馆学书籍和当时发表的一些期刊论文。看多了那些专业论著以后，我觉得图书馆学不是没有可以去研究的，还有很多问题、很多方面、很多领域我知之甚少，需要去认真学习。在学习过程中，我不仅看书，而且会去独立思考学科发展方面的一些问题。"看书"与"思考"两相结合，再加上老师们的指导，我对图书馆学专业经历了一个从不认识到认识、从不自觉学习到自觉学习，从初步有一些感性认识再到产生了理性认识这样一个过程，更加坚定了我学习和研究图书馆学的志向，这是我在北大四年求学生涯中最大的收获。我在学习中体会到，人在青年时代求学应博览群书，不仅要认真阅读专业方面的经典，而且应当涉猎与此相关的其他学科的知识，例如与思想文化史相关的中西哲学和历史，以避免学识单一，视野狭窄。我从王重民、刘国钧等教授的教学和科研中领悟到，每研究一个问题，都必须广泛搜集和详细占有资料，然后缜密考校，去伪存真，精深分析，由表及里，博于征引而慎下论断。他们长于考证，却又不止于考证，而是始终注意从具体史实的考证分析入手，溯其渊源，考其流变，以把握所研究问题演进的大势，探求其发展的规律。这种治学方法，不仅在当时给我留下了深刻的印象，而且对我以后的治学产生了深远的影响。

北京大学是哺育我成长的摇篮，以其厚重的学术传统与科学精神，为我提供了一个优越的学术环境。就是在这个享誉国内外的学术环境中，我得到了广博的科学文化知识上的积累，受到了严谨的科学精神的熏陶，为后来实现自己的学术抱负打下了坚实的基础。

三

我从北京大学毕业后，曾有一段在天津图书馆工作的经历，时间是 1961 年 8 月至 1973 年 9 月。在这 12 年中，我做过基层图书馆培训、业务辅导、宣传、古籍编目、参考咨询等业务工作。通过实践我认识到，做图书馆实际工作是非常重要的，光有点书本知识，不结合实践经验，很难再有进一步的发展。实践让我学到了很多东西，这是书本上学不来的。20 世纪 60 年代初，因基层馆培训和业务辅导工作的需要，我先后编写了《小型图书馆分类表》《区、县图书馆分类范例举要》《图书馆藏书建设概要》《小型图书馆藏书清点法》等小册子。这套小册子①的选题、素材、案例、解析、操作方法都来自实践，实用性很强，能较好地解决当时实际工作中存在的问题。这个事实使我明白了一个道理：研究图书馆学应该坚持唯物主义，脱离唯物主义基础的研究难免产生思维的局限性，偏离实际需要，形成对实践不起指导作用的空泛理论。这套小册子的社会效果说明：研究图书馆学，不能单纯从抽象的定义、概念、模式出发，它应该成为"从实际手段来追求实际目的的最实际的运动"。

　　在天津图书馆的工作经历是宝贵的，在我的记忆中难以磨灭。实践当中遇到的问题、获取的知识，对我后来从事教学工作是一种很丰富的营养，为我进一步研究图书馆学奠定了认识论和方法论基础。

四

　　1973 年 9 月，我奉调回到北京大学图书馆学系任教。如果说每个人一辈子都有个转折点，那么 1973 年回到北大，毫无疑问就是我人生的转折点。重新回到母校，我的心情变得很好。之前我在北大求学，现在能回来为母校的发展、为图书馆学学科建设贡献力量，我感到无比荣光。1973 年至 1976年，我当时利用业余时间阅读了一些西方科技哲学的书籍，借此来启迪思路，开拓思想，促进发散性思维。

---

　　①　铅印本，未正式出版。

自 1977 年 9 月起，我在北大开始独立承担"图书馆学概论"这门基础课的教学工作。当时这门课程是作为图书馆学专业的入门课程开设的，即通过讲授，使初学者对图书馆学的全貌有一个基本的了解。但是一段时间之后，学生反映说"教学内容单薄""缺乏科学的理论高度"。这是同时期各高校图书馆学专业普遍存在的问题，我决定直面我到北大任教后的这一严峻挑战。

图书馆学基础理论研究的目的在于正确阐释图书馆这一社会现象，揭示图书馆事业发展的内在规律，指导图书馆工作和图书馆事业的发展。对于图书馆工作者来说，图书馆学基础理论的学习，能使自己的视野从自己所处的繁杂事务中解放出来，树立图书馆事业科学发展观。我本人长期从事图书馆学基础理论的教学和研究工作，也没有"枯燥""厌烦""索然无味"的感觉，这是我的一种学术追求，已经成为我的生活中不可缺少的组成部分。

有人问我，在教学工作中，你做了哪些有开拓意义的工作？是不是有开拓意义，我自己不敢这样说，还得请担任这门课程的老师们去评析。20 世纪 80 年代以来，图书馆学朝着综合性方向发展，各相关学科互相渗透融合，由技术方法描述逐步向理论思维升华。国外一些图书馆学理论著作也相继传入。经过数次全国性的图书馆学基础课研讨会，提高图书馆学基础课理论教学层次的共识逐步达成。在这样的学术环境和学科背景下，从 1984 年开始，我在"图书馆学概论"教学大纲中明确规定：本课程不仅担负专业启蒙教育的任务，其教学目的还在于帮助学生运用正确的观点和方法，系统地掌握图书馆学基本理论和基础知识，弄清楚图书馆学研究范畴的过去、现状和未来趋势，为学习其他专业课奠定初步的理论基础。这是这一课程教学指导思想、教学内容和教学方法的重要转变。

这种转变不是轻而易举的，我在教学小组的帮助下付出了艰辛的劳动，主要做了以下有建设意义的工作：

（1）编写新教材和辅助教材。主教材《图书馆学概论》出版于1985年，2002年出版了修订本，2008年又出了修订二版，并被纳入"普通高等教育'十一五'国家级规划教材"和"'十一五'规划高等学校核心课程教材"。辅助教材有：《图书馆学概论学习指导书》《图书馆学概论教学参考文选》《图书馆学概论教学讲稿》《图书馆学概论复习提要》《图书馆学概论名词简释》等。

（2）坚持教学改革。在教学改革过程中，高度关注课程建设，用现代观点重新审视图书馆学的教学内容，注意把握基础研究和应用研究的联系和区别、基本概念的延伸或更新、视野的拓宽和新研究领域的开辟，借此弘扬图书馆学"崇尚实践，崇尚理性"的精神。

（3）引进国外图书馆学先进成果。社会形态的变迁、媒介环境的变革以及受众接受习惯的潜移默化，国外图书馆学原有的学科体系内的各个分支学科领域都在结合新的命题展开新的研究。积极引进国外图书馆学先进成果，可以为我国图书馆学教学提供高水平发展的参照系。

（4）通过多种途径激励年轻教师投入本科教学工作。

（5）严格执行学校各项管理制度，保证良好的教学秩序，坚持高质量的本科教育教学标准，把本科教育不断推向新的高度。

（6）认真备课，常改常新。我坚信，要想真正成为一名好教师，必须对自己执教的课程有极大的兴趣。兴趣是深入研究的前提，只有自己研究得深，才能把课讲得充实生动。比如"图书馆学概论"这门课，内容比较广泛，如果讲得过于抽象，必然使学生失去兴趣。我在授课中会把一些抽象问题和实际案例紧密结合起来，使学生觉得的确是学有所用。这门基础课我讲过 40 遍，写了 40 本教学讲稿，"常改常新"是我始终坚持的做法，也是我在备课中努力遵循的信条。

有人曾问我，您为图书馆学基础理论课程的教学做了很多工作，您主讲的"图书馆学概论"是否得过什么奖项？我主讲的这门课程及其教材获奖比较多，具体我也记不清楚了。但其中有两次获奖对我鼓励很大。第一次获奖是在 1985 年，我被评为北京大学优秀教学奖。在北大获得这个奖要比在社会上评奖难得多，当时我的职称还只是副教授，我是第一批获此奖项的北大教师，这个奖给了我很大的鼓励。第二次获奖是在 2006 年，作为北京大学精品课程的"图书馆学概论"被教育部评为国家级精品课程。我有幸获此荣誉，这是非常不容易的。国家级精品课是集体的努力和智慧，也是北大图书馆学系几代人努力的结果。北大图书馆学系自开创之初便设立了"图书馆学概论"作为本学科的基础理论课程。半个多世纪以来，除我以外，刘国钧、舒翼翚、周文骏、张树华、邵巍、刘兹恒、王子舟、张广钦、张久珍等都讲授过这门课，始终保持很高的教学水平。

五

1983 年我开始招收硕士研究生。1994 年我取得了博士生导师的资格，于 1996 年开始招收博士研究生。自招收博士研究生后，我就不再招收硕士研究生了，因为精力有限，只能集中精力培养博士研究生。从 1983 年至今，我总计培养出 60 多位硕士研究生和博士研究生。博士研究生多在高校任教，有些已晋升为教授，并被遴选为博士生导师。我为他们的进步和成就感到喜悦和欣慰。博士生导师是一个工作岗位，应该对国家、学科、学生负责。在整个培养过程中，应该始终贯彻"从严要求"的精神。每当博士研究生进校，我就把他们召集在一起，从做人和做学问两个方面明确提出要求。做人的要求是：要有理想，诚实踏实，谦虚谨慎，奋发上进，团结互助。做学问的要求是：要刻苦钻研，严谨治学，勇于探索，多读书，多思考，多写作。

博士研究生入学后，首先要指导他们制订好培养计划。在培养计划中，最重要的是要按照专业、研究方向和培养高质量研究生的要求，列出必读书目。在必读书目的确定上，一定要下一番功夫。对于这一书目，不仅要求博士研究生把它读完，而且要真正读懂。事实说明，凡是按照这一要求做的，在专业水平上都登上了一个新的台阶。

我还帮助博士研究生选好课。选课应根据围绕研究方向、打好专业基础、提高科研水平的原则来进行。在课程设置上，除必修课外，要在学分不超载的情况下多选选修课。我帮博士研究生选课时，通常会包括三类课程：一类求精专；二类求实用；三类求广博。第一类旨在进一步夯实博士生的专业基本功；第二类直接与研究课题和学位论文挂钩；第三类旨在进一步打开博士研究生的视野，使之了解本学科的前沿问题。

对于博士研究生来说，增强科研能力是至关重要的。我认为博士研究生的培养制度和培养模式要革新，应根据不同类型博士研究生的特质，合理设计培养过程，建立和完善灵活多样的博士研究生培养模式，逐步摆脱那种统一教学计划、统一学制、统一学习与考核方式的"大一统"模式。在博士研究生培养过程中，我既坚持统一的基本要求，又强调因材施教，因势利导，注意依据个性塑造人才，注意为他们的自由发展留下充足空间。

为了鼓励博士研究生从事科研活动，我确定了由抓小论文（专题论文）到大论文（学位论文）的工作思路。因为论文写作有一个逐步深入的过程，只有写出若干篇与学位论文内容有关的各个专题的高质量论文，才能保证写出符合要求的学位论文。按照这一思路，我们建立了对博士研究生科研论文发表情况定期统计通报制度。我不主张博士研究生把主要精力放在搞拼凑出来的所谓"全书""辞书"上，而是注重将博士研究生的主要精力引向专业学术研究，争取让他们在本专业领域内有所建树。

作为导师，要下大力气抓博士学位论文的质量。首先要抓好论文选题，论文选题一般由博士研究生本人在二级学科领域内做广泛的调查研究后独立提出，导师抓选题应注意以下几点：（1）选题应属于本学科前沿；（2）提倡理论联系实际，应具有学术价值和使用价值；（3）学科点的经费和设备应具有完成本选题的基本条件；（4）导师对所选题目应具有指导能力。论文选题确定后，要组织五位教授组成的专家群体对该选题进行评价。

博士学位论文必须是一篇完整的、系统的、有创意的学位论文。对博士学位论文质量的审核，我想至少要达到以下几点：（1）准确性。要做到数据准确，引证确切，文义朴实，结论中肯。（2）整体性。通篇前后呼应，避免拼凑、重复脱节和比例失调。（3）简明性。要求思路清晰，行文流畅，语言精练，图表醒目。（4）规范性。除了论文本身的写作规范外，还要注意加强排版过程中的审校。

学无止境，写作的水平也是没有止境的。只要反复琢磨，不厌其烦，就可以逐步提高论文的写作水平。

六

读书、治学、著述对于学者来讲通常是三位一体的。要想在学术上做出一些成绩，很重要的一点是要有科学的方法。有人问我：你在读书、治学方面有些什么方法和经验供后学晚辈参考？我认为，作为一名教师，要尊重学生，关爱学生，教书育人；一定要把学生当朋友，善待学生，绝不可以做远离学生的"教师爷"。我一生珍视和谐，努力在我所参与和所能影响到的范围内创造一个和谐的人际环境与友善的社会氛围，才赢得了一个属于我自己的较为平实的人生。我经常提醒和告诫自己：为人要谦和，为学要扎实！

在为学方面，我很勤奋，从中学到大学，乃至在大学任教期间都是如此。只有勤奋，才会有知识的积累。在勤奋的基础上，我注意打好两个基础：其一为专业知识基础，其二为方法论知识基础。在这两个基础之上，一方面向内深究，扎根固本；另一方面向周边拓展，广泛涉猎相关领域，汇通博采，加宽基础，进而运用科学方法，围绕基本问题、前沿问题、重大现实问题开展长期系统的研究。

自 20 世纪 80 年代以来，我一直关注和跟踪图书馆学基础理论研究的进展，认真总结图书馆学研究中具有方向性和趋势性的问题；我始终坚持图书馆学的研究应面向应用，重点研究世界和中国图书馆的重大现实问题——我高度重视信息技术对图书馆学学科建设的影响和应用。

七

1996 年至 2002 年，我在担任北京大学信息管理系主任期间，还一度兼任系党委书记。这段时间我的工作很忙，既要搞教学、科研，又要抓行政工作和党务工作。这样一来，本职工作与社会兼职必然会产生一些矛盾。好在有些社会兼职是职务性的，例如，我曾经担任过国务院学位委员会"图书馆情报与档案管理"学科评议组召集人、教育部图书馆学学科教学指导委员会主任委员、中国图书馆学会副理事长兼学术研究委员会主任委员等职务，这些工作都有一定的阶段性，通过科学地安排时间，当然也包括牺牲自己的休息时间，我还是挺过来了。对于我个人来说，虽然花了很多时间和精力做这些学术兼职工作，但只要是为社会服务，有助于推动图书馆学学科建设和图书馆事业的发展，这些付出还是值得的。这些社会兼职也帮助我思考很多问题，使我学会了如何抓图书馆学学科建设，如何组织全国性和国际的学术研究，如何发现有发展潜力的中青年学者；同时也增强了我独立处理复杂问题的能力。作为一名学者，不能过于书生气，要学会应对不同层次、不同对象的学术研究。

有人问道：你对年轻一代图书馆学人的科学研究有什么建议？我想，图书馆学是一门实践性、应用性很强的学科。它的理论、基础和方法来源于图书馆工作实践，是图书馆工作实践经验的概括和总结。理论与实践结合是图书馆学研究人员的指导思想，创造性的想象力不是凭空诞生的，也不仅仅是从书本上得到的，其最终源泉是参与社会实践。21世纪图书馆学理论研究有必要、有责任将实践中出现的具有普遍意义的宏观性问题及时纳入理论思维的视野，在深化理论研究、推进学科建设的同时，为处于变革时代的中外图书馆事业提供理论支持。

图书馆学研究中存在着虚妄和臆想的现象必须转变。我希望年轻一代图书馆学人踏踏实实地从图书馆和用户的需求出发研究问题，从对图书馆形态的认识、服务理念的变化，到资源增长模式、服务方式、体制与机制等，都能突破传统图书馆的范式，在理论上做出新的总结和概括。对新的信息环境变化进行预测与研究，并在这一研究的基础上建立现代图书馆学，不仅是 21 世纪图书馆学的学科知识生长点，而且是 21 世纪图书馆学的重要研究课题。在这方面，我们还有很长的路要走，我希望年轻一代图书馆学人沿着这条路走下去，走向胜利的彼岸。

矧惟君子学，吾道深而宏 ①

矧惟君子学，吾道深而宏。欲穷圣贤域，精微故难明。

——宋·袁燮《题习斋》

求学之路：至乐无乐，至誉无誉

我的学术生涯要从中学时代说起，在一个人的求学道路上，中学是积累文化知识，养成好的学习习惯的重要阶段。我是上世纪 50 年代初考入安徽省枞阳县浮山中学的。该校坐落在安徽省五大名山之一的浮山东麓，环境清幽，风景宜人，是我们那里的名校。学校不但拥有极好的师资力量，还拥有十分浓厚的学习风气，是读书治学的好地方。中学时代的我在此环境下，自然也养成了刻苦求学、发愤读书的好习惯。当年的我坚持早起，每天早上都要读两个小时的英语，上课、写作业、看书，整天忙个不停却活得很充实。

1957 年我从浮山中学毕业，通过高考被北京大学录取。因为考虑到自己从小就爱看书，认为将来要是能在图书馆工作，看书就会很方便，就毫不犹豫地选了图书馆系。没有想

---

① 原文发表于北大新闻网"北大人物"栏目。北京大学信息管理系 18 级本科生苏洋撰稿，北京大学信息管理系 18 级本科生张涵录音整理，北京大学信息管理系 17 级本科生张澳翔和 18 级本科生姜雪采访。

到，自己当初的简单选择竟决定了我和图书馆学这么多年来的缘分。记得初到学校时，我还不到 20 岁，尽管年轻却也没有什么别的想法，心里只想着既然选择了这个专业就应该好好钻研，用心用力地做点事情。

所以当年对于专业开设的每一门课程，每一个教学环节，我都会尽力学扎实。然而课内有限的讲授还是无法满足我，因而课下我就选择在图书馆里阅读书籍和一些期刊论文。当然除了读书，我还会尝试着去独立思考学科发展方面的一些问题。"看书"与"思考"两相结合，再加上恩师们的指导，这些都使我对图书馆学专业经历了一个从不认识到认识、从不自觉学习到自觉学习、从初步有一些感性认识再到产生了理性认识这样一个过程，同时也让我更加坚定了学习和研究图书馆学的志向。现在回想起来，倘若让我说在北大做过最有意义的事，那便是读书。人在青年时期应博览群书，不仅要阅读专业方面的历史经典，还应当涉猎与此有关的其他学科知识，避免学识单一，视野狭窄；每研究一个问题，就必须广泛搜集已有资料，学会缜密考校，去伪留真，精深分析，博于征引而慎下论断；做学问要十分注意从具体史实的考证分析入手，溯其根源，以把握所研究问题演进的大势，探求其发展的规律。

北大是哺育我的摇篮，它以其厚重的学术传统与科学精神，为我提供了一个优越的学术环境，就是在这个享誉国内外的学术环境中，我得到了广博的科学文化知识上的积累，受到了严谨的科学精神的熏陶，为后来实现自己的学术抱负打下了坚实的基础。

天津任职：在实践中汲取营养

1961 年 8 月我从北大毕业后，被组织分配到天津图书馆研究辅导部。当时的中国，一切都刚刚起步，"专业人才不专业"是常态，图书馆领域的专业人才更是稀缺。所以我当时的主要任务就是在全市范围内授课，培训图书馆领域的专业人才。我依稀记得，那时候我为了准备一份充实的讲稿，常常会骑着自行车跑遍天津大大小小的图书馆收集案例，与那里的工作人员进行交流。我的另一个工作是研究，主要的方向是在辅导的基础上研究图书馆学的一些理论上的问题，或者从实践当中抽象出来的一些问题，而且是共性问题，大家都很关心的问题。那时候我们的热情都挺高，我干得特别有劲，也特别用心。人们当时都叫我"小专家"，刚毕业工作的我也挺开心，心想这也算是给母校争光添彩了。就这样，我在天津图书馆干了 12 年，其中的经历是十分宝贵的，到今天回想起来，无论是当时遇到的困难还是自己获取的知识、经验等，都为我之后的教学提供了营养，为我进一步从事图书馆学教学和研究奠定了认识论和方法论的基础。

虽然我在天津的工作非常顺利，也得到了领导的赏识和重用，但我心里终究还是清楚自己到底想干什么。一方面，我十分热爱教学工作，虽然在天津工作时也可以时常出去讲课，但毕竟不同于学校教学；另一方面，我的爱人武医生一直在北京工作，我们俩从结婚起就异地分居，这对于一个上有老、下有小的家庭来说是一个不小的困难。

北大任教：高标准，严要求

"如果说人一辈子都有个转折点，那么毫无疑问，1973 年回归北大，就是我人生的转折点。"

1973 年 9 月，我回到了阔别已久的燕园。回到母校后的我精神很振奋，因为在我看来，天津工作的自己实际一直处于输出状态，到了北大我才真正有了大的提升。北大厚重的学术传统与科学精神哺育了我，让我有了机会去做自己感兴趣的学术研究。所以一进校园，我就给自己规定了"两个认真"：一是认真搞教学，二是认真搞研究。为了更好地摸清教学的方向，我花了大概两年多的时间去研究西方哲学社会科学的书籍。这些书对发散我的研究性思维起到了至关重要的作用，书里面的理论观点时至今日仍在影响着我。到了 1977 年，我就开始主讲"图书馆学概论"这门课程，当时这门课程是作为图书馆学专业的入门课程开设的，即通过讲授，使初学者对图书馆学的全貌有一个基本的了解。图书馆学基础理论研究的目的，在于正确诠释图书馆这一社会现象，揭示图书馆事业发展的内在规律，指导图书馆工作和图书馆事业的发展。

当时的图书馆学不断由技术方法描述向理论思维升华。国外一些图书馆学理论著作也相继传入。经过数次全国性的图书馆学基础课研讨会，提高图书馆学基础课理论教学层次的共识也逐步达成。在这样的学术环境和学科背景下，从

1984 年开始，我在"图书馆学概论"教学大纲中明确规定：本课程不仅担负专业启蒙教育的任务，其教学目的还在于帮助学生运用正确的观点和方法，系统地掌握图书馆学基础理论和基本知识，弄清楚图书馆学研究范畴的过去、现在和未来趋势，为学习其他专业课奠定初步的理论基础。这是教学指导思想、教学内容和教学方法的重要转变。但是这种转变不是轻而易举的，我在教学小组的帮助下彻底改造了这门课，做了很多开创性的改变：我依据图书馆学发展的情况重新编写了教材和教学参考书；坚持教学内容的改革，试着用现代观念重新审视图书馆学教学内容，注意把握基础研究和应用研究的联系和区别，正确解释了基本概念的延伸和更新，更加注重视野的拓宽和新研究领域的开辟；另外，努力引进国外图书馆学的先进成果，为我国图书馆学教学提供高水平发展的参照系。年轻教师的思想比较活跃，接受新思想也比我们快，所以我在教学的过程中试着通过多种途径激励年轻教师投入本科教学的工作中去。"授人以鱼，不如授人以渔"，我一般不怎么向他们讲"大道理"，相反，我更希望他们通过阅读书籍或是与人交流，自己去发现一些东西。在教学方面，我注重"常改常新"。授课 40 年来，我时常会把一些抽象的问题和实际案例结合起来，"图书馆学概论"这门基础课我讲过 40 个轮次，也撰写了 40 本教学讲稿。到 2006 年，我所讲授的"图书馆学概论"也有幸被评为国家级精品课程，这要归功于系里有关老师的努力和智慧。

我是从 1983 年起开始招收硕士研究生，1994 年取得了博士生导师的资格，时至今日我已经培养出了60多位硕士研究生和博士研究生。在博士生的整个培养过程中，我始终坚持"从严要求"，在做学问和做人方面提出了标准和底线。面对一群昂扬向上、充满活力的年轻人，我自感责任重大，一点也不敢懈怠。开学之初，我就教导他们要学会严谨治学，勇于探索，多读书多思考；帮助他们制定培养计划，确定研究方向，在打好专业基础的前提下进行相应的科研工作。对于博士研究生来讲，增强科研能力是至关重要的。我认为博士研究生的培养制度和培养模式要革新，应根据不同类型博士生的特质，合理设计培养过程，建立和完善灵活多样的博士生培养模式，逐步摆脱统一教学计划、统一学习与考核方式的"大一统"模式，既要把握好普遍性与特殊性之间的关系，又要强调因材施教、因势利导，注意为他们的发展留下足够的空间。

对待研究生，"求精专""求实用""求广博"是我经常向他们提的要求。"学无止境，写作的水平也是没有止境的。只要反复琢磨，不厌其烦，就可以逐步提高论文的写作水平。"对待学生的论文，我很"较劲"，在审核过程中我要求他们既要注重论文的严谨性与学术价值，又要敢于突破旧有模式，学会创新与跨学科融合。或许是这种严要求、高标准培养了他们良好的学习习惯，这也同时得益于学生们孜孜以求、不断奋进。时至今日，不少博士研究生已晋升为教授在大学任教。我为他们所取得的进步和成就感到喜悦和欣慰。

合抱之木，生于毫末

认真做研究，这是我回到北大后对自己提出的第二个要求。自 20 世纪 80 年代开始，我一直关注和跟踪国内外图书馆学基础理论研究的进展，细心总结图书馆学研究中具有方向性和趋势性的问题，对 80 年代图书馆学基础理论进行了全面细致的总结。进入 20 世纪 90 年代以后，我认识到信息环境的变化带来了图书馆学研究范畴和研究方法的深刻变化。我开始关注网络环境下图书馆学新的知识生长点，撰写了图书馆自动化与网络化系列文章，明确提出了网络化成为图书馆自动化发展的突破口和关键的观点，对联合采购、联合存储、联机编目、联机检索、馆际互借、联合建库等都做了新的阐释和解读。进入 21 世纪以来，我积极倡导将信息资源建设和网络传输的版权问题纳入图书馆学的研究范畴，从而拓展了图书馆学的研究领域，适应了学科不断发展和超越的需要。

为师之道：亦师亦友

吴老师虽未纳我于门下，但他对我的提携和教诲成为我治学生涯中的一盏明灯。

——吉林大学教授　毕强

我觉得老师一定要关爱学生，一定要对得起学生。而其中最重要的一点就是要把课讲好，让学生每堂课都有收获，都受到启迪。我对于本师门学生要求严格，悉心指导，每隔一段时间，就与学生一起探讨他们各自的研究，分析国内外最新的研究方向，明确指出学生研究中存在的问题。培养新一代的年轻人，最关键的就是要锻炼他们独立思考和解决问题的能力。不仅要把前人的思想和成果传授给学生，更重要的是要通过言传身教教会他们做学问的态度和方法，教会他们要善于走自己的路。我经常与研究生讨论阶段性成果，告诉他们要勇于发表不同的见解。

数十年来，我关心学生的学术，也关心学生的事业和生活。一名来自香港的博士生说过："我经历过的师生关系是比较平面的，一对一的关系，就是和某一位老师非常熟悉，也不等于认识老师的其他弟子，每一个学生似乎都是孤立的个体，和其他人不发生联系，但在吴老师师门中，人际关系是立体的、实在的和生动的，老师和所有学生就像生活在一个家庭中一样，互相关怀，互相扶持。"除了关爱自己的学生，我也十分注重提携别的青年才俊。我特别希望年轻人能够有展示自我的机会。

发展之路：道阻且长

改革开放 40 年来，我们国家的图书馆学研究也得到了很大程度上的发展。从硬件角度来看，近些年来修建的图书馆的硬件水平比世界上许多发达国家还要好，一定程度上使得广大读者的权益得到了更好的保障。但我们也不能忽视我国的图书馆学研究还有不足之处。另外，从公共图书馆的角度来看，因为其读者面很宽泛，对社会的贡献也很大，各个学科的读者都可以利用图书馆资源，并且图书馆对广大读者始终是开放的，所以面向该类群体时，图书馆的服务应该更细一些，服务质量应该进一步提高。因此，我想在服务方面提出三点希望：第一，图书馆的服务要走向个性化；第二，图书馆的服务要走向规范化；第三，图书馆员要有合作意识，要帮助读者解决他们需要解决的问题。图书馆间的共建共享、馆际互借、开馆的时间、服务的时间、服务的标准，都要进一步深化和提高。

除此之外，新一代的图书馆学学子们还要意识到工作实践的重要性。在我看来，图书馆学其实是一门实践性、应用性很强的学科，它的理论、基础和方法都来源于图书馆工作实践，是图书馆工作实践经验的概括和总结。理论与实践结合是图书馆研究人员的指导思想，创造性的想象力不是凭空诞生的，也不仅仅是从书本上得到的，其最终源泉是参与社会实践。21 世纪图书馆学理论研究有必要、也有责任将实践中出现的具有普遍意义的宏观性问题及时纳入理论思维的视野，在深化理论研究，推进学科建设的同时，对处于变革时代的中外图书馆事业提供理论支持。目前部分的图书馆学研究还存在着虚妄和臆想的现象。所以我更希望年轻一代图书馆学者们踏踏实实地从图书馆和用户的需求出发研究问题，从对图书馆形态的认识、服务理念的变化，到资源增长模式、服务方式、体制机制等，都要敢于突破传统图书馆学发展的范式，在理论上做出新的总结和概括。参与对新的信息环境变化的预测与研究，并在这一研究的基础上建立现代图书馆学，这不仅是 21 世纪图书馆学的新的学科知识生长点，还是 21 世纪图书馆学的重要研究课题。在这方面，我们还有很长的路要走，我希望年轻一代图书馆学人沿着这条路走下去，走向胜利的彼岸！

为学之道：据于德，依于仁

1996 年，我开始担任北京大学信息管理系主任，在工作中感受最深的、最难得的就是来自同事们的理解、支持和帮助。我一生珍重和谐，努力在我所参与和所能影响到的范围内，创造一个和谐的人际环境与友善的教学氛围。十几年来，我都在努力为老师们营造一个良好的教学环境：系里的年轻老师出国时我会一一为他们提供我的建议和帮助，帮助他们选择老师和课程。学成回国后，我又会组织全系的老师听他们的访学汇报，给予这些老师充分的尊重和重视。这样的安排不仅让老师们之间形成了一种紧密的联系，更多的也有助于我们信息管理系学科的建设。

除了在学校里任职，我还有幸担任了国务院学位委员会"图书馆、情报与档案管理"学科评议组召集人、教育部图书馆学科教学指导委员会主任委员、中国图书馆学会副理事长兼学术委员会主任委员等职务。对于我个人来说，虽然花了很多时间和精力做这些学术兼职工作，但只要是为社会服务，有助于推动图书馆学学科建设和图书馆事业的发展，还是非常有意义的。当然，我也在其中收获颇丰。一次次组织重大的全国性和国际学术会议，一次次与来自全国各地的图书馆学精英人才接触，不但增强了我独立处理复杂问题的能力，更多的是使我学会了脚踏实地去工作。"为学者，也不能过于书生气，面对难题，学会解决而不是逃避"是我工作这么多年来得到的最重要的认识。

我已至耄耋之年，人生近三分之二的时光都在北大度过，这其中的感情我自然是无法用语言表达出来的。在这半个世纪中，我们国家在各个方面都发生了翻天覆地的变化，而北大作为一所与国家命运息息相关的高校，其变化和发展之大也令无数北大人为之自豪和骄傲。

我希望未来的北大继续向着更好的方向发展，认真改革现有的一些不符合改革开放精神的体制性障碍，继承和发扬真正的北大精神，培养出能担负重任的各方面的大师。我也会在未来的岁月里继续为我的母校尽一份绵薄之力！

时代与趋势

从文献资源建设到信息资源建设 [①]

一、问题的提出

自近代图书馆学在我国诞生以来，我国图书馆从事信息资源建设工作的名称一直处于变化之中。其变化过程是：采访→藏书补充→藏书建设→文献资源建设，现在则演变为信息资源建设。目前，无论是理论界还是实际工作部门，在表述信息资源建设这项工作及学科时，用语极为混乱，有的称文献资源建设，有的称文献信息资源建设，有的称藏书建设，有的称馆藏建设，有的称馆藏发展，有的称信息资源建设。造成这种称谓混乱现象的原因主要有两个：第一，由于信息技术的飞速发展，人类记录和传播信息和知识的手段与方式发生了根本的变化。这种变化导致了图书馆藏书建设实践和理论的变革。在这实践和理论变革时期，人们的思想和观念也会发生较大的变化，同时，由于目前我国正处于由传统图书馆向自动化、网络化、数字化图书馆转变的过渡阶段，很多问题尚不明朗，因此，人们的思想观念难免出现一些分歧。第二，由于同样的原因，理论界也未能就学科名称问题做出

<hr>

① 与高波合作，原文发表于《中国图书馆学报》2000年第5期。

及时的研究和探讨，客观上也助长了专业术语名称的混乱。这既不利于学科理论的发展，也不利于实际工作的开展。因此，有必要对表述混乱的学科名称进行梳理和科学规范，从而建立起一个全新的信息资源建设理论体系。

二、文献资源建设理论的局限性

文献资源建设这个为我国图书情报界所独创的概念及理论自 20 世纪 80 年代中期诞生以来，很快便获得了图书情报界的普遍认同，这在我国图书馆学情报学界还是少有的现象。文献资源建设理论的提出，既丰富了藏书建设理论，又推动了我国图书情报界文献资源共建共享的步伐。然而，仅仅相隔 10 年左右的时间即 90 年代中期，我国的一些学者就提出了文献资源建设要向信息资源建设发展的问题。人们不禁要问，为什么文献资源建设这个受到理论界和实践普遍认同的理论在提出 10 年多以后就失去了生命力呢？答案是：人类记录和传播知识、信息的手段和方式的巨大变化导致了文献资源建设理论的嬗变。

我们知道，"文献资源建设"从"藏书建设"演变而来。20 世纪 70 年代末、80 年代初，我国沉重的国门伴随着改革、开放的浪潮徐徐打开。随着经济建设的迅速开展，社会对文献信息的需求越来越大。80 年代初，全世界每年出版图书 71 万种、期刊 6.5 万种，而 50 年代中期全世界每年出版图书仅 28.5 万种、期刊 2 万种。因此藏书建设必须像走 50 年代中期曾经走过的协调的道路。否则，无法满足经济建设和科学发展的需要。而当时国外已将信息与原材料、能源并列为三大战略资源，国内有识之士也认识到了文献对经济建设、科学研究及文化发展而言是一种重要的资源。在这样的历史条件下，文献资源和文献资源建设的概念便应运而生了。

应该说，文献资源建设理论是对藏书建设理论的丰富和发展。它突出强调了文献收藏的整体观念，彻底摒弃了自给自足的思想。它推动了文献共享的进程，确立了资源观念和特色观念即使在信息高速公路四通八达的今天，仍具有很大的现实意义。然而，信息技术给信息记录、传播的手段和方式所带来的变化是人们始料不及的。就在 20 世纪 80 年代末 90 年代初我们正在文献资源建设理论的指导下开展大规模的文献资源普查和文献资源布局大讨论的时候，美国已经进入了电子图书馆的研究阶段，而且正在进行对信息资源是强调"拥有"还是"获取"的大讨论。在讨论的过程中，美国研究图书馆协会（ARL）就将成员馆的资格和定级标准确定为"根据其对联机和计算机网络资源的检索质量来决定，而不是由图书的采访质量来决定"。而且，1991 年 ARL 的成员馆中就已经有 80% 的馆规划或实施了强调获取（access）而不是拥有（owner-ship）的政策、服务和资金再分配。然而，存在决定意识。我国在当时的社会和技术环境下，人们不可能产生超越现实的认识。因此，也就出现了同一个时期内，中美两国藏书建设理念迥异的现象。

然而，当 1994 年 4 月中国正式联入 1982 年就正式诞生的因特网，尤其是 1995 年万维网技术成熟之后，海量的电子信息资源犹如狂飙从天而落。面对因特网上的信息海洋，图书馆人首先想到的是什么呢？恐怕是：资源共享终于实现了！

的确，得益于信息技术的因特网迅速普及，全球信息资源共享由美好的理想正在逐步变成了现实。图书馆的馆藏空间发生了结构性变化，图书馆的馆藏空间结构由单一的物理馆藏演变成物理馆藏＋虚拟馆藏。而在虚拟馆藏中，除了商业性电子信息资源（商业性数据库和网络电子出版物）、政府及学术团体电子信息资源以外，还有相当多的是国内外文献情报机构的信息资源。这恰好证明了经济学上的一个不是原理的原理——没有免费的午餐。也就是说，网络世界是你中有我、我中有你。作为以向社会提供信息服务为己任的图书馆，若要从网上获得信息资源，就必须向网上输送信息资源，尽管没有人做此规定，但也没有人否定这是一个不争的事实。因此，图书馆若想利用虚拟馆藏，就必须建设虚拟馆藏，即以丰富的馆藏文献信息资源为对象，开发出各种类型的数据库并提供上网服务，这是网络环境下图书馆的必然选择，也只有共同建设虚拟馆藏，图书馆才能真正做到资源共享。尽管目前由于知识产权的制约，大量信息资源不能以全文数据库的形式上网服务，但先进的电子文献传递手段已为我们克服了远程获取一次文献的技术障碍。因此，开发馆藏文献信息资源建设虚拟馆藏已是网络化图书馆信息资源建设的重要组成部分。而这一重要的组成部分是文献资源建设理论所没有容纳的。因为受当时生产力发展水平的限制，文献资源建设理论的提出者不太可能预见到 20 世纪 90 年代中期以后，偌大的地球一夜之间变成了一个"村落"。因此，文献资源建设理论强调的仍然是充分地占有文献资源，所不同的是文献资源建设理论突出强调了信息资源建设的整体意识。应当说，这在当时的历史条件下是有着重大现实意义的。然而，在网络化的今天，文献资源建设理论则暴露出了很大的局限性。正如沈继武和肖希明在《文献资源建设》一书前言中所说的那样，"藏书建设名称，已难以涵盖我国文献资源建设实践和理论研究的内容"，文献资源建设理论也已涵盖不了我国信息资源建设实践和理论研究的内容，有必要加以丰富和发展。

三、信息资源建设理论的浮出

（一）图书馆界研究现状

我国学者意识到文献资源建设理论的局限性大约是在 1996 年前后。代根兴在《中国文献资源建设理论研究的回顾与展望》一文中提出将文献资源建设深化为信息资源建设的观点，并认为文献资源建设可能被信息资源建设所取代。同年，吴晞在《文献资源，信息资源和信息资源建设》一文中也认为应该用信息资源建设取代文献资源建设，并做了较详尽的论述。然而上述两篇观点新颖的论文并没有引起学术界普遍的注意。在其后的两年时间里，学术界并没有对这一理论观点的提出展开应有的讨论。直到 1999 年末 2000 年初，一些理论工作者对这一新的理论展开了研究，其中，董焱和刘兹恒在《网络环境下我国图书馆的发展方向》一文中专题论述了网络环境下我国图书馆应由文献资源建设向信息资源建设转变，并具体探讨了转变措施。张久珍在《论信息资源建设》一文中充分肯定了文献资源建设理论的历史与现实意义，指出了局限性，并论述了信息资源建设理论的现实意义。

（二）情报界的研究现状

早在图书馆界提出文献资源建设概念，并用之取代藏书和藏书建设概念的时候，情报学界就已经对信息资源、信息资源建设的一些问题展开讨论了。随着 80 年代中期国外信息资源管理理论的引进和国内对此领域研究趋热以及我国正式联入因特网，信息资源建设就已经成为信息机构的工作内容和情报学理论界的研究内容了。但与图书馆界不同的是，情报界所说的信息资源建设是指网上信息资源建设，即数据库的建设，而不是图书馆界所理解的取代"文献资源建设"的含义。1995 年 3 月 21 日，国家计委、国家科委、国家信息中心联合下发了《关于开展全国信息资源调查的通知》，对全国数据库和电子信息网络资源进行调查。时任国家科委科技信息司司长朱伟认为信息是由基础性数据库和动态性网上资源所组成，但他又承认制品媒介提供的信息也属于信息资源，只不过是信息资源以电子信息为主罢了。1997 年 4 月 28 日国家科委下发了《国家科委关于加强信息资源建设的若干意见》。该文件将数据库建设确定为信息资源建设的重点。由此可以看出，图书馆界和情报界对信息资源建设的理解是不完全一样的，甚至是有很大不同的。网络环境下的图书馆工作和情报工作已经是水乳交融，难分你我了。因此，我们认为，面对共同的社会环境和技术环境，图书馆界和情报界关于信息资源建设的不同理解是完全能够加以整合的。

（三）我们的观点

1. 关于信息资源

在确定信息资源建设的概念之前，首先有必要明确什么是信息资源，这是构筑信息资源建设理论大厦的基础。关于信息资源的定义，国内外众说纷纭、莫衷一是。综合国内外的各种定义，可以归纳为四种类型。

（1）宽泛型。持此观点的学者认为信息资源概念的外延很宽泛，它包括信息活动中的各种要素，如信息、设备、技术和人等。

（2）狭窄型。持此观点的学者认为信息资源是专指文献资源或数据库。

（3）折中型。持此观点的学者认为信息资源的概念有广义和狭义之分。广义的含义与宽泛型的定义类同；狭义的含义是指人类社会经济活动中经过加工处理有序化并大量积累后的有用信息的集合。

（4）信息本体型。持此观点的学者认为信息资源特指经过人类开发与组织的信息的集合。

我们认为，前两种类型给信息资源界定的范围，要么过宽，要么过窄。过宽使人不知所云，过窄又不能全面、准确地反映事物的本质。如果信息资源包括信息活动的各种要素的话，那么自然界的水资源、森林资源、矿产资源、石油资源等又如何理解呢？难道上述各种自然资源的概念也包含与之相关的人类活动的要素吗？显然不是。不错，信息资源有别于自然资源，它是一种人工资源。但谁又能认为同为人工资源的文献资源包含了文献活动中的各种要素呢？第三种类型将信息资源区分为广义和狭义。狭义的定义基本上值得肯定，而广义的定义与宽泛型的定义是一致的。尽管第三种类型的狭义定义接近了信息资源的本质，但在现实中人们仍然会由于定义中包含着广义的成分而无所适从。因此，我们认为"信息本体型"的定义基本上是可取的。但表述上似应加以完善，应表述为：信息资源是经过人类采集、开发并组织的各种媒介信息有机集合，也就是说信息资源既包括制品型的文献资源，也包括非制品的电子信息资源，强调任何一个方面都是片面的。

2. 关于信息资源建设

基于上文对信息资源的界定，我们认为信息资源建设是人类对处于无序状态的各种媒介的信息进行有机集合、开发、组织的活动。信息资源建设的结果为信息资源。因此，网络环境下的信息资源建设既包括文献型的资源建设，也包括数据库的建设，还包括对网络信息资源的开发与组织。

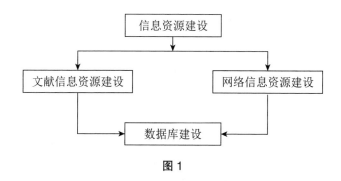

图1

如图1所示，信息资源建设活动要比文献资源建设活动宽泛得多、复杂得多。只有将文献资源建设、数据库建设与网络信息资源建设有机地结合起来，才能称得上完整的信息资源建设。那么，信息资源建设与文献信息资源建设和藏书建设（馆藏建设）是什么样的关系呢？

我们认为，信息资源建设与文献信息资源建设和馆藏建设是包容关系。信息资源建设犹如一级类目，属于宏观层面；文献信息资源建设犹如二级类目，属于中观层面；馆藏建设犹如三级类目，属于微观层面。文献资源建设尽管失去了"统帅"地位，但其作用并未削弱，而且只能加强不能削弱。因为网络环境下更需要文献资源的整体化建设，同时也有条件比过去做得更好。而微观层次的藏书建设则是宏观和中观建设的基础，舍此，则宏观与中观建设无从谈起。因此，我们说三者各司其职，谁也取代不了谁，每一个概念都有其特定的含义。但在称谓上也可以称文献信息资源建设和馆藏建设为信息资源建设。

3. 关于信息资源建设的理论体系

从学科体系角度来讲，信息资源建设属于应用图书馆学的一个分支学科。既然是一门学科，就应具备相应的理论体系。图 2 是我们设计的信息资源建设理论体系结构。

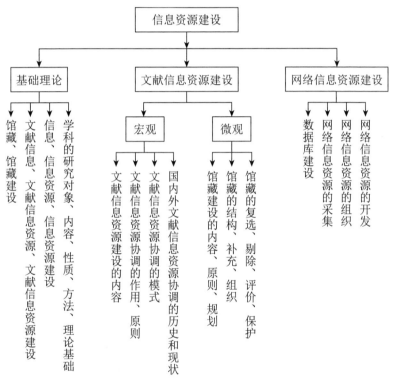

图 2　信息资源建设理论体系结构

如图 2 所示，信息资源建设的理论体系分为三大部分。第 1 部分为基础理论，研究内容为学科的基本概念、研究对象、内容、性质、方法及理论基础等。第 2 部分均为原文献资源建设理论的研究内容，它仍然是网络环境下信息资源建设的主要内容之一。第 3 部分即网络信息资源建设理论。这是传统文献资源建设理论所没有的，但它又是新时期信息资源建设必不可少的内容，而只有搞好网络信息资源建设，图书馆才能充分地满足读者和用户的信息需求，充分地履行社会所赋予的职能。

结束语

阮冈纳赞说得好，图书馆是个生长着的有机体。推而论之，图书馆学理论也应当是不断完善、丰富和发展的。"藏书建设"发展到"文献资源建设"是历史的必然，而"文献资源建设"发展为"信息资源建设"也是学科理论无奈的嬗变。我们必须正视现实，并积极地研究人类信息传播领域所发生的变化，只有这样，才能推动信息资源建设实践的健康发展。

参考文献

[1] 朱强 . 加快整体化建设步伐，迈向 21 世纪 [J]. 大学图书馆学报，1997（2）：7-10.

[2] 杨沛超，肖自力 . 从藏书建设到文献资源建设：文献情报工作理论与实践的重要进展 [J]. 情报资料工作，1991（5）：5-7.

[3] 代根兴 . 中国文献资源建设理论研究的回顾与展望 [J]. 图书馆，1996（3）：1-6.

[4] 吴晞 . 文献资源，信息资源和信息资源建设 [J]. 图书馆，1996（6）：

1-4.

[5] 董焱，刘兹恒. 网络环境下我国图书馆的发展方向 [J]. 中国图书馆学报，1999（6）：34-38.

[6] 张久珍. 论信息资源建设 [J]. 图书馆学研究，2000（1）：19-22.

[7] 国家科委关于加强信息资源建设的若干意见 [J]. 中国信息导报，1997（5）：3-4.

[8] 朱伟. 加强信息资源建设　再创科技信息辉煌 [J]. 中国信息导报，1997（1）：7，26.

[9] 孟广均，霍国庆，罗曼，等. 信息资源管理导论 [M]. 北京：科学出版社，1998.

[10] 汪冰. 电子图书馆理论与实践研究 [M]. 北京：北京图书馆出版社，1997.

新中国图书馆学研究六十年 ^①

一、新中国图书馆学理论研究 60 年的发展轨迹

20 世纪初，图书馆学作为一门学科的名称已经在国内通用。早期以"图书馆学"命名的专著，大多是翻译作品。20 世纪 20 年代，图书馆学开始列入大学课程，并创办了图书馆学专科学校。从 20 年代到新中国成立前夕，图书馆学理论著述有：杨昭悊的《图书馆学》（1923 年）、戴志骞的《图书馆学术讲稿》（1923 年）、杜定友的《图书馆学概论》（1927年）、沈学植的《图书馆学 ABC》（1928 年）、刘国钧的《图书馆学要旨》（1934 年）、程伯群的《比较图书馆学》（1935年）、俞爽迷的《图书馆学通论》（1936 年）、喻友信的《实用图书馆学》（1937 年）、钱亚新的《图书馆学讲义》（1945年）等。这些著作都在一定程度上探讨了图书馆学的理论问题，对中华人民共和国成立以后的图书馆学研究产生了积极的影响。

---

① 与张久珍合作，原文发表于《图书馆杂志》2009年第5期。

（一）中华人民共和国成立初期的图书馆学理论研究

中华人民共和国成立初期，百废待兴。一度中断的图书馆学研究开始走上复苏之路，并逐级呈现出崭新的面貌。这一时期，图书馆学理论研究的特点表现在如下方面。

新中国成立以后，我国图书馆学的发展进入了一个崭新的阶段。以 1956 年在南京首次举办图书馆学科学讨论会为起点，国内掀起了图书馆学基础理论研究的热潮，全面展开了一场对图书馆学的性质、对象和内容的讨论，使我国图书馆学研究逐渐从中华人民共和国成立前的偏重技术方法的描述转向学科理论框架的建构上。这个阶段对图书馆学较有代表性的阐释是刘国钧提出的"要素说"，即"图书馆学所研究的对象就是图书馆事业及其各个组成要素"。这些要素包括"图书、读者、领导和干部、建筑与设备、工作方法五方面"[1]。刘国钧的看法提出后，曾在国内引起一场围绕图书馆学对象和内容的大讨论，它一直延续到 20 世纪 60 年代中期。在这场争论中，又引出对图书馆学理论基础的不同理解，比较有影响的看法是"矛盾说"和"规律说"。"矛盾说"认为，图书馆学主要是研究图书馆所特有的矛盾，但对什么是图书馆特有的矛盾，学界的看法并不一致。"规律说"认为"图书馆学是研究图书馆事业的发生、发展、组织形式以及它的工作规律的一门科学"[2]。这种看法至今仍为很多人所主张。应该说，这种争论把我国图书馆学理论研究向前推进了一大步，反映出这个领域百家争鸣、追求真理的景象。

　　在 20 世纪 50 年代，全国上下大兴全面学习苏联之风，图书馆学研究与图书馆工作也同样在学习苏联图书馆的理念与经验。首先，翻译俄文图书馆学著述《苏联大众图书馆工作》《列宁论图书馆工作》《苏联图书馆事业组织原理》等；其次，宣传介绍苏联图书馆工作状况，例如《社会主义文化的堡垒——苏联国立列宁图书馆》《苏联图书馆事业概况》[3]等；再次，派人走出去学习苏联图书馆工作经验，例如 1949 年国立北平图书馆派人学习俄文编目法，参照苏联列宁图书馆经验改进图书馆管理业务[4]；还有，输入苏联图书馆学研究成果，例如 1960 年北京图书馆科学方法研究部编制了《关于苏联图书馆分类法问题》《苏联小型图书馆适用十进分类法简表》。学习与效仿苏联图书馆学对促进中国图书馆学的复苏与新面貌的呈现起到了一定的作用，但是，也暴露了不顾中国实际情况全盘照搬苏联图书馆学的倾向。

　　在这个阶段，马克思主义的阶级斗争学说已全面融入图书馆学研究中。人们运用阶级分析的方法，对所谓的资产阶级图书馆学展开严厉的批判，例如 1958 年前后发表的"消灭图书馆学教育中的资产阶级教学思想""批判皮高品先生和徐家麟先生的资产阶级教学思想""批判刘国钧先生的'什么是图书馆学'""批判杜定友先生图书馆学资产阶级学术思想"等。当时的学术语言经常这样表达："我们的图书分类是以党的社会主义建设总路线的理论为基础，以马克思列宁主义思想为指导"，"各类图书，就是阶级斗争与生产斗争的武器与总结"[5]。正是在这样的环境中，寻求社会主义图书馆学的建立成为必然。关于社会主义图书馆学的论述表达了构建新中国图书馆学的愿望与努力。囿于时代的局限，新中国图书馆学的学科体系并没有真正建立起来。

1966 年"文化大革命"开始后，很多图书馆关闭，图书馆学院校停止招生，图书馆学研究跌到了深谷，完全处于停顿状态。"文化大革命"10 年，全国没有正式出版一本图书馆学著作，没有一种公开发行的专业刊物，图书馆事业遭到严重破坏，图书馆学研究被迫中断 10 年之久[6]。

（二）20 世纪 80 年代的图书馆学理论研究

党的十一届三中全会后，整个科学界都处在拨乱反正、解放思想的大潮中。经过 10 年停滞的图书馆学再度复苏。而这次复苏焕发出的生机是巨大的，直接促成了 20 世纪 80 年代中国图书馆学发展的又一个高潮。在这种大的社会背景下，北京大学、武汉大学图书馆学专业恢复招生；中国图书馆学会于 1979 年正式成立，随后各省市、各专业系统图书馆学会也相继成立。这标志着我国中断已久的图书馆学研究的恢复与再生。1984 年的杭州会议，在"解放思想、繁荣学术"的大背景下，勇敢地打破了中国图书馆学基础理论研究的沉闷与封闭，以改革开放的视野开创了中国图书馆学基础理论发展的多元化新格局。20 世纪 80 年代，是中国图书馆学研究繁荣昌盛的一般时期。在这十年中，图书馆学基础理论研究的广度和深度、研究成果的数量和质量、研究的手段和方法，都取得了明显的进步。

图书馆学研究对象问题，仍是 20 世纪 80 年代基础理论研究的一个热点。在国际图书馆学研究大潮的推动下，人们又提出了一些新的看法，其中影响最为广泛的有三种观点：（1）情报交流说。这种观点认为，文献是情报交流的工具，图书馆利用文献所开展的工作，实际上是进行情报交流的工作，因而图书馆学的理论基础是情报交流。图书馆一方面是文献情报的吸收源，另一方面又是文献情报的发生源，向读者提供文献情报是它作为发生源的主要手段。图书馆从搜集文献情报到提供文献情报，既包括文献情报交流和传递的过程，同时也包括文献情报的检索过程，图书馆正在起着情报中心的作用[7]。（2）知识交流说。这种观点认为，图书馆是社会知识交流链中的一个环节，图书馆学应研究社会知识交流及其在图书馆活动中的特殊过程和特殊规律，研究如何收集、整理、储存和传递知识载体以促进社会知识的交流，研究在社会知识交流过程中图书馆与图书馆事业自身发展变化的规律[8]。（3）文献信息交流说，即图书馆学是研究文献信息交流理论和方法的科学。这种观点认为，文献信息交流是人际知识交流的一种重要方式。知识的直接交流是面对面的交流，因这种交流受时间和空间的限制，于是人们就不得不利用文献等中介物来进行间接交流。随着人们对文献的需求不断增长，文献信息交流将成为一种普遍的社会现象。这种观点主张将普遍存在于社会中的文献信息交流现象作为图书馆学的研究对象[9]。图书馆学不仅要研究图书馆自身的结构，也要研究它在社会文献信息交流系统中的地位与作用，以及它的作用机制。

关于图书馆学的体系结构，是 20 世纪 80 年代基础理论研究的另一热点。人们除了在理论上探讨体系结构与研究对象、研究内容的关系，还对图书馆学体系结构进行深入分析和描述，提出了体系结构的整体论、学科群论、范畴论等不同观点。有些研究者把图书馆学体系结构划分为理论图书馆学、技术图书馆学和应用图书馆学；有的研究者把图书馆学体系结构划分为理论图书馆学、专门图书馆学和应用图书馆学；也有人认为，上述体系结构的不同划分方法，基本上都是套用科学体系学提出的结构，建议从图书馆学基本概念出发，采用逻辑生成的办法来构建体系，使其能更好地体现结构体系的逻辑性，在检验评价现有的学科建设、预测学科的未来发展方面发挥作用。

在图书馆学研究方法问题上，20 世纪 80 年代以来除了引进欧美国家图书馆学研究的一些新方法，还采用了自然科学和社会科学一些新的研究方法，自觉接受了哲学原理和哲学方法的指导，在一定程度上推动了学科建设，基础理论研究的哲学思辨能力有了提高。1987 年在重庆召开的图书馆学情报学方法论专题研讨会上，重点讨论了方法论体系问题，除对原有的"三层次""四层次"进行了补充和完善，又具体地分析了系统论方法、控制论方法、信息论方法、比较方法、移植方法在图书馆学中的应用。应该指出，系统分析方法被引进图书馆学研究，既丰富了图书馆学的内容，也开拓了图书馆学的领域。将图书馆作为信息系统中的一个子系统来考察，会使图书馆学的宏观考察和微观研究得出科学的结论。

在图书馆事业建设原理研究方面，很多著述既客观地评价了新中国图书馆事业发展的成就，又具体地阐明了发展图书馆事业所应具备的外部环境条件和应吸取的经验教训。特别是 1985 年前后关于图书馆事业发展战略研究，初步转变了曾一度存在的玄虚清谈之风，为图书馆学找到了理论与实践的结合点，使人们明确了应以事业发展的需求作为理论研究的导向。在事业发展战略研究中人们所取得的共识是：要以国家经济、文化、教育和科学技术发展为依据制定图书馆事业发展规划，并将其纳入国家和地方的国民经济和社会发展计划之中，要改变图书馆工作的传统观念，全面发挥图书馆功能。各类型图书馆的发展应以国家财力为前提，既要注重数量，又要保证质量；既要注重馆舍、设备的建设和配备，又要加强内部科学管理。只有根据中国的国情和各馆的实际情况确定工作任务和实施计划，才能保证图书馆事业健康发展。

纵观 20 世纪 80 年代图书馆学基础理论研究的过程，我们认为有这样一些特点：（1）整个研究工作是有计划、有组织地进行的。伴随着各级图书馆学会的建立和筹划以及国家社会科学基金资助项目和国家自然科学基金资助项目的实施，研究课题的选定、研究队伍的组织、研究成果的评估都逐步地由分散、无组织的状态转入有计划、有组织的状态。（2）从研究课题看，既坚持理论对实践的指导作用，又注重实践经验的总结并进行理性升华，因而基础理论著述呈上升趋势。从 1949 年到 1988 年，公开发表的图书馆学基础理论论文总数为 2000 篇，其中 1977 年至 1988 年占 1903 篇；基础理论研究的专著（含教材），1949 年至 1988 年共出版 60 种，其中 1977 年至 1988 年占有 51 种 [10]。（3）注意学科之间的横向拓展，并引进相关学科的理论和方法。一方面，图书馆学与其他相关学科相互渗透和结合，注意从其他学科中吸取营养；另一方面着力开发图书馆学内部的横断分支学科的研究。（4）在定性分析的同时出现了计量化趋向。科研工作顺序一般是先定量，后定性，从量的变化看质的变化。如果量的积累不足，或广度、深度不够，就会导致定量不准确，就不可能有恰如其分的定性。定量分析使定性分析更具有客观依据，数学统计方法的运用，对图书馆活动的一般描述上升为理论归纳和科学抽象，并使理论更加严密和科学。

　　20 世纪 80 年代图书馆学基础理论研究存在的问题主要是：（1）理论研究的主攻方向不甚明确，对某些课题的研究存在着理论与现实脱节的偏向；（2）研究队伍的组织，研究课题的选定，研究成果的数量与质量，在各地区、各系统中发展很不平衡；（3）引进相关学科的理论与方法，存在着生搬硬套的做法，导致一些非科学成分的出现，降低了图书馆学的科学水平；（4）对西方图书馆学的某些理论观点和图书馆学家的学术思想，未能很好地运用马克思主义哲学的原理做出科学的分析和评价；（5）在图书馆学著述中，新的名词、术语不断涌现，而其含义又因缺乏科学依据而难以界定；（6）有些论文未能把观点和材料、定量和定性统一起来，因而难以用定量的数据证明定性的观点，用定性的观点统率定量的材料。

（三）90 年代以来的图书馆学理论研究

进入 20 世纪 90 年代，我国图书馆学理论研究进入了一个大发展阶段。这一时期我国图书馆学理论研究呈现出如下特点。

（1）基础理论研究不断深入。1991 年的全国图书馆学基础理论学术研讨会（庐山会议），针对 20 世纪 80 年代我国图书馆学理论研究的发展，以"回顾和清理"为主题，对图书馆学理论研究的成绩和不足进行了认真总结。2000 年的常州会议开展了"探寻图书馆学学科新的知识生长点及面向 21 世纪的图书馆学研究重大选题"的研讨，为 21 世纪图书馆学理论研究的发展做了开创性的工作。2003 年的郑州会议以"发展与创新"为主题，对图书馆学基础理论的学术地位进行了科学的定位，对 21 世纪图书馆学基础理论的发展提出了明确的要求[11]。2007 年的重庆会议提出了构建面向图书馆职业的理论体系。图书馆学基础理论研究领域不断拓展。

（2）理论研究成果丰硕。20 世纪 90 年代以来，我国图书馆学基础理论研究取得了丰硕的成果。关于图书馆学基础理论的专著有 10 多部。其中吴慰慈的《图书馆学概论》、王子舟的《图书馆学基础教程》及于良芝的《图书馆学导论》是影响最为广泛的三部著作。这三部专著各有特色，各有侧重，成为图书馆学专业教育的经典教材。此外还有彭斐章的《书目情报需求与服务研究》、徐引篪与霍国庆的《现代图书馆学理论》等较高水准的著作以及一大批有深度的理论研究论文。同时还出现了对近现代图书馆学进行系统梳理和总结的研究成果，如《当代中国的图书馆事业》《杜定友和中国图书馆学》《晚清图书馆学术思想史》等论著，以及《中国图书馆学世纪评》《20世纪中国图书馆学发展的三次高潮》等论文。

（3）理论研究有中国特色。近30年来，我国图书馆学基础理论研究走出了一条属于自己的道路，形成了自己独特的思维视角和研究内容。对比国内外图书馆学基础理论研究的话语后，我们就可以得出这样一个判断：我国图书馆学基础理论研究与国外的情况存在很大差异。国外没有类似于我们研究中的诸如图书情报机构的性质、职能、地位、作用等内容，也没有对图书馆学的理论基础、研究对象、学科体系等内容进行广泛讨论并出现不同意见。例如，我们针对图书馆学的研究对象，出现了"要素说""矛盾说""规律说""活动说""知识说""文献交流说""知识交流说""资源说""可获得性说"等观点。关于图书馆学的学科性质，有人认为是社会科学，也有人认为是"综合性应用科学""管理科学""信息科学"。我们在试图观察国外图书馆学基础理论研究是什么状况的过程中发现，国外基本上没有"图书馆学基础理论研究"这样的表述，基本上也没有文章专门探讨图书馆学基础理论本身。因此，我们说我国图书馆学基础理论研究有自己独特的发展道路。

（4）努力重构图书馆学理论体系。自20世纪80年代后期，图书馆学界广泛吸收其他学科的知识体系与方法论，经过数年的盘整梳理，产生了"中介"学说、文献信息理论、信息资源管理理论等。学术界就很多理论命题展开热烈讨论，显示出图书馆学研究者一直在尝试构建与时代发展相契合的理论体系。王子舟的《我们追求的是什么？——图书馆学基础理论研究之感想》主张图书馆学研究范式要转移[12]，黄宗忠在回顾19世纪以来近200年间图书馆学体系的形成与发展变化的基础上，指出图书馆学体系重构的必要性并对其进行了重建[13]。时至今日，关于图书馆学理论重构的文章仍时常出现。也正是由于关注之多，关注之持久，讨论之热烈，而出现了角度频繁转换，理论主张形形色色，理论体系不成熟、不稳定的问题。图书馆学理论研究存在的问题促成了学术界对此进行反思。在不断批判、争鸣、反思的过程中，人们也学会了克服浮躁与庸俗，多了很多客观与冷静[6]。在此过程中，图书馆学理论研究积累了丰富的学术思想，沉淀出了一些共识。

（5）重视联系实际问题进行研究。改革开放带来社会诸多方面的巨大变化。纯理论的研究使图书馆学研究落后于社会发展需要，研究者表达了危机感以及迫切希望摆脱窘境的心情。吴慰慈、杨文祥撰写了《关于图书馆学研究的理性思考》，阐述了基础研究与应用研究的关系[14]。有的学者发出了图书馆学研究必须关注现实问题的呼吁，提出应以问题为导向进行研究[15]，希望从中国的社会发展需要出发，以解决中国的实践问题、现实问题为目的。近10年来数字图书馆发展迅速，联系实际问题的研究思路使图书馆学研究领域得到拓展，研究内容丰富多样，新兴课题不断涌现。这种研究思路表达了强烈的人文关怀，更多地表现出了图书馆学的社会责任。例如，学界通过研究我国公共图书馆服务体系表达了构建普遍均等服务的美好愿望，通过研究图书馆2.0表达对用户体验的支持，通过研究图书馆职业的发展前景来助力图书馆社会定位的提升。这些视角让我们感到图书馆学理论研究对现实问题不再冷漠。

（6）理论研究的国际化视野得到拓展。图书馆学界重视国外图书馆学的研究，积极引进国外图书馆学先进成果，为图书馆学研究提供了高水平发展的参照系。黄纯元的《论芝加哥学派》、霍国庆等的《西方图书馆学流派论评》等文章显示出国内研究者在世界图书馆学和广义社会科学的广阔背景下来思考图书馆学问题。对国外图书馆学成果的了解，是我们吸收和借鉴国外先进经验、发展和创新中国图书馆学研究的前提[16]。当对西方图书馆学体系的研究积累到一定阶段时，应该如何借鉴西方的图书馆学理论和方法、怎样对待我国图书馆学的遗产等问题也摆在我们面前。审视这些问题，我们应该看到真正的问题不在于引进西方图书馆学的多少，而在于如何进行图书馆学的本土化。

新中国60年图书馆学理论研究取得了值得肯定的学术成就，但是，我们也必须承认图书馆学理论研究存在的问题和不足。王宗义指出：理论研究的虚假繁荣，难以解决实践中不断累积起来的现实课题。黄宗忠在《中国图书馆学世纪评》

一文中分析图书馆学研究的不足，指出：研究技术方法多，研究理论少；研究事物多，研究者的思想少；具体问题研究多，整体系统研究少；情况综述多，本质分析少；相关论述多，本体研究少。这些话语都说明我国图书馆学理论研究的水平还不够高，完整、科学的理论体系还没有形成，理论研究的前瞻性不足，经典作品欠缺。我国图书馆学理论研究还处于不断发展与完善的过程之中，对某些问题的认识还没有统一思想，对一些基本的理论问题还没有揭示其本质。图书馆实践面对着用户需求差异的无数具体问题：当代图书馆社会职能如何认定，公共图书馆的公共性到底指什么，如何厘清"图书馆自由""图书馆精神""图书馆制度""图书馆权利"这些术语的内涵，等等。更严重的挑战来自互联网的快速发展，面对有被边缘化之忧的图书馆，如何为巩固其社会地位提供严谨的科学论证，审视当前图书馆实际工作可以发现，需要图书馆学理论回答的问题实在是太多了[17]。

二、信息资源建设研究的主要进展

中华人民共和国成立初期，图书馆藏书工作的主要内容是清理馆藏书籍、调查馆藏现状、着力提高藏书量。藏书工作的研究内容主要有：藏书补充的方式，藏书工作如何为工农业服务，外国图书馆藏书补充的经验，藏书的范围，藏书的组织，藏书的质量，藏书的利用，藏书的交换。藏书的一个重要特点是马列主义著作和革命书刊占据重要位置，与此相关的馆藏研究逐渐展开。当时的藏书建设研究主要停留在工作业务的探讨层面，宏观理论研究深度不够。

改革开放后的藏书建设工作发生了巨大变化，藏书建设理论研究的特点体现在以下一些方面。

（1）研究领域最引人注目的变化就是其名称的演变。在这个演变过程中相继出现的专业术语有："采访"、"藏书补充"、"藏书建设"（馆藏建设、馆藏发展）、"文献资源建设"（文献信息资源建设）、"信息资源建设"。该领域专业术语的变化反映出信息资源建设理论发展的轨迹。由于信息技术的飞速发展，人类记录和传播信息、知识的手段与方式发生了根本的变化。这种变化导致了图书馆藏书建设实践和理论的变革。从传统的藏书建设到文献资源建设再发展到信息资源建设，反映出研究命题的不断拓展与深化。这一发展历程从代表性著作的名称就可以反映出来。例如，1987年沈继武的《藏书建设与读者工作》，1991年吴慰慈、刘兹恒的《图书馆藏书》，1991年沈继武、肖希明的《文献资源建设》，2008年肖希明的《信息资源建设》。

（2）自20世纪80年代以来，图书馆藏书建设理论研究取得了重要进展，其中最重要的变化是从藏书建设发展到文献资源建设。1984年9月在大连召开的"全国高校图书馆藏书建设研讨会"上首次提出了文献资源和文献资源建设。其后十几年间，文献资源建设理论体系得到了充分的发展，并在全国图书情报界得到了普遍认同。其理论主旨是从整体的眼光，以协同的方法来发展社会文献资源，从全局的角度来进行宏观规划、合理布局，以期建立全国的文献保障体制，满足社会文献需求。文献资源建设理论的提出，既丰富了藏书建设理论，又推动了我国图书情报界文献资源共建共享的步伐。文献资源共享的思想得到了体现与确立。可见，文献资源与文献资源建设理论的产生是对传统馆藏建设研究的一次突破，是本学科发展史上的一次飞跃。这在当时的历史条件下是有着重大现实意义的。

（3）20世纪90年代中期，我国的一些学者就提出了文献资源建设将要向信息资源建设发展的问题。原因在于人类记录和传播知识、信息的手段与方式的巨大变化导致了文献资源建设理论的嬗变。文献资源建设理论已涵盖不了我国信息资源建设实践和理论研究的内容，有必要加以丰富和发展[18]。代根兴提出将文献资源建设深化为信息资源建设的观点，并认为文献资源建设可能被信息资源建设所取代[19]。同年，吴晞在《文献资源，信息资源和信息资源建设》一文中也认为应该用信息资源建设取代文献资源建设，并做了较详尽的论述[20]。高波、吴慰慈在2000年《中国图书馆学报》第5期上撰文《从文献资源建设到信息资源建设》，详细阐述了信息资源建设理论提出的背景、意义及其体系。文章认为，信息资源建设活动要比文献资源建设活动宽泛得多、复杂得多。只有将文献资源建设、数据库建设与网络信息资源建设有机地结合起来，才能称得上完整的信息资源建设。

（4）20世纪90年代后期，学界对数字馆藏建设、馆藏资源数字化建设的研究不断升温；21世纪以来，关于图书馆数字信息资源建设的研究不断深入。其中涉及的内容包括：馆藏资源数字化、电子馆藏评价、数字资源整合、数字信息资源建设的原则、电子资源建设策略、数字资源发展规划、数据库建设、数字信息资源建设相关法律问题研究、特色数字资源建设问题研究、特定图书馆的数字资源建设方案研究等。将馆藏资源数字化在理论上阐释清楚对于图书馆工作实践是非常有指导意义的。网络信息资源给图书馆藏书结构带来的深刻变化已经影响到图书馆馆藏发展的模式。我们应该认识到网络信息资源建设是馆藏发展的一次飞跃。该领域的内容涉及网络信息资源开发的模式、网络信息资源的选择与评价、不同类型网络资源的开发利用问题、网络信息资源开发利用的策略、网络信息资源导航等。图书馆馆藏结构的变化促使馆藏发展指导思想的转变，馆藏建设的观念已经逐步从传统的建立一个有限的物理实体转变到对网络信息甚至全球信息的把握上来。在馆藏建设中，不是试图拥有全部的信息资源，而是强调利用网络技术，能够快速地存取到各地的信息资料。这不仅仅是观念的转变，而且已逐步落实到馆藏发展的实践中去了[21]。

（5）资源共享研究一直是热点领域。1990年以前我国图书馆学界有关资源共享的文章仅有几十篇。可以说，关于资源共享研究的第一个10年仅处于萌芽阶段。早期的文章多是研究图书馆的资源共享问题，还没有普遍关注文献资源共享或者信息资源共享的问题，并且研究的内容主要是提请关注资源共享的问题，停留在论证资源共享很重要这一务虚的层面，表达中经常出现的是"设想""初步构想""现实意义"等词语。1991—2000 年，关于文献资源共享的文章迅速增多，这一时期的研究不再停留在论证资源共享的重要性和必要性方面，而是开始研究更深入的话题，如信息资源共享的阻碍因素、实现机制、实施策略及方式方法等具体的内容。21 世纪以来的文献资源共享和信息资源共享研究已经涌现出 1000 多篇文章，而且还有专著问世，包括 2003 年高波的《网络时代的资源共享——中日文献信息资源共享比较研究》，2004 年程焕文、潘燕桃主编的《信息资源共享》。如果想把我国信息资源共享研究的 30 年简单地描述出个轨迹的话，我们可以总结如下：第一个 10 年是研究要不要信息资源共享的问题，第二个 10 年是研究怎么进行信息资源共享的问题，第三个 10 年则是把信息资源共享从理论走向实践。资源共享研究的深入还体现在对信息资源共建的倡导。1998 年霍国庆的《论信息资源的共建和共享》、刘兹恒和张久珍的《论图书馆资源共建》发表。1999 年《文献信息资源共建共享倡议书》发布。世纪之交，国内对图书馆联盟的研究蔚然成风。2005 年，《图书馆合作与信息资源共享武汉宣言》发布。宣言不仅宣明了观点和理念，还提出行动方向，不仅是信息资源共享的纲领性文件，还是彰显当代图书馆学理论光辉的范文。

三、信息服务研究的主要进展

1. 信息服务研究的总体脉络

20 世纪 80 年代的著作名称多是"读者工作"，90 年代以后就开始使用"信息服务"这个概念。代表性著作是：1985 年沈继武的《读者工作概论》，1986 年张树华等出版的《图书馆读者工作教程》，2005 年张树华等出版的《数字时代的图书馆信息服务》，以及胡昌平等于同年出版的《信息服务与用户研究》。

2. 参考咨询服务研究

早期参考咨询服务研究主要是工作研讨，从论文内容看，20 世纪 80 年代的研究主要是工作方法、工作经验的总结和交流，有的文章阐明参考咨询服务对图书馆工作的重要性，研究内容的丰富程度还不够。参考咨询服务研究在 90 年代已逐渐超越了对具体工作内容、方式方法的微观性研究阶段，理论性、宏观性及现代化研究正日益增强。研究内容基本上触及了咨询服务的方方面面，包括咨询服务理论研究、参考咨询工作、文献检索课、查新服务、定题服务、对国外的研究、中外对比、咨询服务现代化等内容[22]。20 世纪 90 年代末开始，国内对数字参考咨询、虚拟参考咨询或网络参考咨询服务的研究逐渐升温。数字参考咨询服务研究的内容包括国外情况、服务模式、服务质量、发展趋势、技术支撑、人员素质、法律支撑等，以及参考咨询工作的各个细节，如知识库的建立与规范、咨询回答语言技巧、咨询者的隐私保护等问题。21 世纪以来的参考咨询服务研究发展到一个新的高度，研究的视角逐渐扩大，研究深度得到加强。研究热点不再仅仅停留在描述参考咨询服务的模式，也不是仅仅研究数字参考咨询工作的一般性问题，而是开始深入研究如何提高参考咨询服务的质量，并对质量评价设计了具体的指标、详细的测度方法。近年来，詹德优的《信息咨询理论与方法》、夏侯炳的《参考咨询新论》、初景利的《图书馆数字参考咨询服务研究》等代表性的理论著作相继问世。

3. 信息用户研究

该方面的研究内容主要包括：用户构成研究、用户信息需求研究、用户信息行为研究、用户心理研究、用户权利研究、用户满意度研究、用户教育研究等。用户驱动的图书馆服务是当今图书馆界普遍认可的服务模式。所以，图书馆需要掌握用户信息需求的特点和规律。用户信息需求的调查研究日益受到重视。用户信息需求研究需要诊断用户信息需求的价值取向、需求内容和需求行为，提出构建用户信息需求模型、建立知识交流网络、营造信息供需交互的桥梁等诊断用户信息需求的方法。关于用户信息行为的研究内容主要集中在信息行为基本原理的研究和网络用户信息行为研究等方面。

4. 用户教育研究

观察近 20 年的文献可以发现，早期较多使用"用户教育"和"读者教育"，20 世纪 80 年代中后期到 90 年代较多使用"情报用户教育"，从 90 年代末开始出现了"信息用户教育"。当前普遍采纳的说法是"用户教育"、"信息用户教育"和"信息素质教育"。信息素质教育的提出对图书馆用户教育工作是一个极大推动，很多图书馆都借鉴了信息素质教育的思想、理论和方法，在信息需求分析、信息检索策略制订、信息检索技术培养、信息的评价与选择、信息能力评估等方面对用户教育提出了更明确的要求。可以说，信息素质教育是新时期、新环境下用户教育的继续发展。近年来，用户教育的重点转移到网络环境下用户教育模式的改革、用户教育内容的拓展、数字图书馆用户教育方式等问题上。用户教育有助于提高图书馆资源利用率、培养用户信息意识、提高用户信息技能、规范用户信息行为、扩大图书馆影响、提高图书馆的社会地位。新环境下图书馆用户教育工作的特点在于：信息资源环境的变化影响了用户教育的内容和形式，信息技术的应用影响了用户教育的手段，用户信息需求的变化增加了用户教育工作的难度，图书馆员角色的变化赋予用户教育工作者更多的责任。

四、数字图书馆研究的主要进展

数字图书馆研究只有十几年的历史。我国数字图书馆研究的脉络和特点大体如下：

（1）在我国建设数字图书馆之初主要是介绍国外数字图书馆的情况。图书情报界意识到数字图书馆是未来图书馆发展的必然趋势，开始关注国外数字图书馆的研究动态。相关的国际学术交流也比较活跃，除了邀请国外学者到我国介绍国外数字图书馆概况，还派出学者实地考察研究。从 1995 年到 1999 年，与我国数字图书馆相关的文章的关键词中，除了"数字图书馆"，出现频次最高的为"数字化""电子文献""信息技术""电子信息资源"和"自动化"等词语。虽然除了上述关键词，还有"网络"和"数据库"等关键词出现，但是数量不多。由此可见，图书馆资源的数字化是这一阶段研究的热点，这也是数字图书馆建设的必要条件。在资源的数字化过程中，一部分问题也浮出水面：如何保证信息的完整性、可靠性、快速、简单易用、良好的性能价格比，如何确保数字资料不被非法复制和发布等。这就需要用数字图书馆的技术和服务来满足这些需求。在数字图书馆技术方面，1998 年以前，技术研究侧重于图书馆管理方面的自动化技术，中国数字图书馆建设启动后，我国研究和开发的技术包括数字化技术、数字对象的存储技术、分布式数字对象的管理技术、多媒体技术、元数据自动生成和转换技术等。

（2）2000 年至 2004 年，我国数字图书馆研究形成热潮。数字图书馆研究关注的具体问题包括数字资源、元数据、数据库建设、版权问题、用户培训等。

（3）2004 年以后，数字图书馆研究不断深入。深入发展的标志为数字图书馆标准规范研究、用户服务研究、学科信息服务、个性化服务等领域的成果丰硕。在技术方面，数字图书馆重视内容管理技术、智能检索技术、信息安全技术、开源构件技术、网络存储技术、个性化服务技术、数字版权管理技术等相关技术的研究与应用。自 2004 年以来，国内学者对建设数字图书馆所涉及的著作权、知识产权保护问题以及合理使用问题投入了非常高的研究热情，显示出这一棘手问题至今依然是数字图书馆建设过程中的大难题。数字图书馆事业的良性发展有赖于充分运用知识产权这把双刃剑。

（4）近年来数字图书馆标准规范研究取得了一定的成果，建立了元数据标准、检索和互操作标准、数字信息集合的元数据标准，以及通信、系统、安全、管理、知识产权、服务、运营等多方面的标准与规范，这些标准规范体系很好地指导了数字图书馆的建设实践。包括科技部"中国数字图书馆标准规范建设"（Chinese Digital Library Standards，CDLS）项目，中国高等教育文献保障系统（China Academic Library & Information System，CALIS）管理中心整理编撰的《中国高等教育数字图书馆技术标准与规范》，中国科学院国家科学数字图书馆项目（Chinese National Science Digtal Library，CSDL）制定的《数字图书馆建设的标准规范体系》《国家科学数字图书馆开放描述与标准应用指南》等，这些标准与指南针对数字图书馆系统的数字资源建设与服务，建立了数字图书馆标准规范开放建设与开放应用机制，指导并规范了资源加工、描述、组织、服务和长期保存，还提出和完善了数字图书馆标准规范框架体系，并初步建立了基于联合、开放、共享的标准规范建设、应用和管理机制。

（5）有关数字图书馆信息服务的热门关键词有"面向用户的服务""个性化服务""主动服务""数字参考咨询服

务""RSS 推送服务""知识服务""全文服务"等。图书馆 2.0 概念的成功引入使得数字图书馆信息服务理念实现了向以用户为中心的转移。图书馆将多种 Web 2.0 的技术应用到图书馆服务中，例如，邮箱定题服务、短信定制服务、MyLibrary、实时在线咨询等。国内图书馆界对图书馆 2.0 的研究形成一股热潮。

（6）数字图书馆技术起初是以书目为中心或以图书馆自动化系统为中心的，典型的成果是网络联机联合编目系统、联机情报检索系统等。随后，数字图书馆技术发展到以资源数字化为中心，主要是扫描技术、OCR 技术、海量信息存储技术、全文检索技术等。目前，数字图书馆技术发展到以资源集成为中心，核心是解决分布式异构数字资源的互操作问题，代表技术是跨库检索技术、OpenURL 技术、门户技术、元数据收割技术等。此外，网格技术、智能搜索引擎技术、版权保护技术、网络信息挖掘技术、数据仓库技术、推拉技术、信息安全技术、信息可视化技术、图像处理技术、聚类技术、参考链接技术、数据迁移技术、无线网络技术等也是热点话题。最近两年，RFID（射频识别）技术的应用研究也比较引人注目。RFID 技术带来了全新的排架体系与标识系统，能够实现准确快速定位和导航。加强对 RFID 技术标准问题、系统设备生产问题、集成商问题、经费问题、兼容问题、管理模式等问题的研究有利于扩大其应用范围 [23]。

五、21 世纪我国图书馆学研究的总结与展望

进入 21 世纪以来，我国图书馆学研究出现了新的态势，呈现出全面推进、注重创新、蓬勃发展的良好局面。

1. 现实问题研究

信息技术的进步及信息环境的变化为图书馆学研究不断注入新的活力，传统的研究范围、研究方法和研究手段受到了猛烈的冲击。为了有效地解决图书馆学理论和实际问题，人们在加强基础研究的同时，更加突出了应用研究。图书馆学应用研究在国家社会科学基金、国家自然科学基金，以及省、部级项目中不断获得资助。其重要课题包括文献信息资源开发、图书情报工作体制、图书情报工作网络化、信息服务、信息用户研究、数字参考咨询等。以计算机信息处理技术为主体的图书情报现代技术研究已形成规模，其研究成果已得到了广泛应用。图书情报计算机管理系统、国际联机检索系统、国内联机检索系统、各类管理信息系统、各类数据库生产、电子出版系统等都发展较快，在应用中已取得了巨大的效益。

2. 知识论研究

王子舟在 2003 年将"知识集合说"写进了《图书馆学基础教程》之中。该教程以知识论为立场，提出图书馆学的核心内容包括三个部分：客观知识、知识集合、知识受众，认为应根据客观知识、知识集合、知识受众及其相互之间的关系来建立图书馆学的研究客体体系[24]。一批中青年学者如彭

修义、刘洪波、蒋永福、王子舟、王知津、柯平、张晓林、邱均平、李后卿、盛小平等分别从知识组织、知识集合、知识管理、知识服务的角度发表论文和著作。

3.公共图书馆服务体系研究

在国家宏观政策引导下，公共文化事业迎来了发展的黄金时期，逐步形成了大城市、中小城市集群、城市社区和县乡基层等多种服务体系。国家社会科学基金重点项目"世界级城市图书馆指标体系研究"的阶段性成果《世界著名城市图书馆述略》[25]，不仅概括了大都市图书馆的十大特征[26]，而且提出了特大型城市图书馆建设的顶层设计理念[27]。公共图书馆服务体系研究也取得了重要进展，广东的"岭南"模式、"苏图"模式、"嘉兴"模式、上海和杭州的"一卡通"模式、天津的"图书馆延伸服务"、北京的"社区乡镇图书馆建设"等，虽各具特色，但服务体系整体上都呈现出"管理主体上移、网点布局下延、资源共享提高、服务规范统一、服务效益改善"的特点[28]。

4.图书情报工作网络化研究

由黄长著、周文骏主持的国家社会科学基金"九五"重大项目"面向21世纪的中国图书情报工作网络化研究"，在分析国内外图书情报网络建设现状的基础上，探讨了资源共建与共享、网络用户的信息需求、数字图书馆建设等我国图书情报事业发展中面临的一系列重大问题，就我国图书情报网络的建设目标、实施步骤和应解决的问题做了详尽的阐述，并对加大信息资源开发力度、加速中文信息资源数字化进程、发展宏观信息资源管理理论等提出了操作性较强的政策性建议。

5. 数字图书馆模式与机制研究

1997 年 7 月，"中国试验型数字式图书馆项目"（CPDLP）的实施，标志着我国数字图书馆建设的开始。1999 年 6 月，由北京市信息化工作办公室下达，国家图书馆牵头，联合北大、清华、中科院进行"中关村科技园区数字图书馆群软课题研究"。该课题采用各种方式对该地区现有资源进行调研，结合该地区的特点，探讨建设数字图书馆群的方法和路线，最终提出一份切实可行的实施方案，为把中关村科技园区数字图书馆群建设成为中国数字图书馆示范性工程奠定基础。2000 年是中国数字图书馆发展的转折点，中国数字图书馆从初期的研究、开发、试验，逐步发展到初具规模，其中一个重要的原因是我国政府对数字图书馆建设给予了巨大的资金支持。由中央财政陆续投入建设的国家级数字图书馆项目有多项，这些国家级项目是我国数字图书馆建设的核心，对其他的数字图书馆建设产生了广泛的影响。这个阶段，数字图书馆研究的具体内容包括数字资源研究、元数据研究、资源共享问题、数据库建设、版权问题等。近三四年来，我国数字图书馆进入深入发展阶段，其标志包括：数字图书馆加强标准规范建设；数字图书馆开始重视面向用户的服务；数字图书馆日趋重视改革传统的资源结构和服务模式，满足用户在网络环境下利用信息的需求。数字图书馆的技术研究也取得了新的进展，特别是个性化定制、知识发现、互操作、通用对象请求代理体系结构（Common Object Request Broker

Architecture，CORBA）等技术在数字图书馆开发中的应用有较大突破。

6. 标引语言与信息标引研究

目前，标引语言的编制及管理已经基本上由手工操作过渡到计算机辅助编制与管理。继 20 世纪 90 年代研制出若干电子叙词表之后，2001 年又成功研制了《中国图书馆图书分类法》电子版，这是我国分类法电子化的一个标志性成果。在网络信息组织方面，研究的重点是受控语言如何经过改造适应网络信息组织的需要，以及用标引语言的理论完善现有网络信息组织的方法，提高其检索效率。

以上简要地勾勒了新中国成立 60 年来图书馆学研究的发展进程，这可以说明我国图书馆学的各个学科领域和分支领域都取得了丰硕的成果，呈现出理论深化、面向现实、勇于创新、多头并进的研究格局。新中国图书馆学研究 60 年的发展路向曲曲折折，重要原因之一就是在图书馆学理论研究与图书馆实践之间始终存在着一个断层，理论与实践各自在近乎平行的轨道上独立运行。实践呼唤不出所需要的指导性的理论，理论研究则因缺乏实践的支持与滋润难以深入，流于空谈。经过改革开放 30 年的实践，现在人们初步认识到了"症结"之所在，将视线转向了现实。理论研究应以解决现实问题为己任，这是"实践—理论—再实践"的科学发展的必由之路。笔者相信，沿着"实践—理论—再实践"的路子走下去，图书馆学定会在 21 世纪有新的发展。

参考文献

[1] 刘国钧.什么是图书馆学 [M]//《图书馆学》教学小组.《图书馆学基础》教学参考材料汇编.北京：北京大学图书馆学系，1980：1-8.

[2] 北京大学图书馆学系，武汉大学图书馆学系.图书馆学基础 [M].北京：商务印书馆，1981：226.

[3] 汪长炳.参观苏联和民主德国图书馆事业报告 [J].图书馆学通讯，1958（2）：43-87.

[4] 柏生.国立北平图书馆拨款赴哈买新书　将成立马列主义研究室与苏联文化研究室 [N].人民日报，1949-05-30（2）.

[5] 北京大学学报（人文科学）编辑委员会.北京大学批判资产阶级学术思想论文集 [C].北京：高等教育出版社，1958.

[6] 王子舟.20 世纪中国图书馆学发展的三次高潮 [J].图书情报工作，1998（2）：1-5，33.

[7] 周文骏.概论图书馆学 [J].图书馆学研究，1983（3）：10-18.

[8] 宓浩，黄纯元.知识交流和交流的科学 [M]//吴慰慈，邵巍.图书馆学概论教学参考文选.北京：书目文献出版社，1985：20-38.

[9] 吴慰慈，李纪有，张涵.图书馆学简明教程 [M].北京：科学技术文献出版社，1988：11-12.

[10] 吴慰慈.图书馆学理论与方法 [M].北京：北京图书馆出版社，2004：70-75.

[11] 杨文祥，周慧.关于我国图书馆学基础理论研究发展历程的反思与展望：历届全国图书馆学基础理论会议回顾与 21 世纪图书馆学理论研究思考 [C]//刘兹恒，张久珍.构建面向图书馆职业的理论体系：第五次

全国图书馆学基础理论研讨会论文集.北京：北京图书馆出版社，2007：42-48.

[12] 王子舟.我们追求的是什么？：图书馆学基础理论研究之感想 [J].图书馆，2003（1）：11-13.

[13] 黄宗忠.图书馆学体系的沿革与重构 [J].图书与情报，2003（3）：2-9，54.

[14] 吴慰慈，杨文祥.关于图书馆学研究的理性思考 [J].图书馆，2003（1）：5-10.

[15] 肖希明.图书馆学研究要以问题为导向 [J].图书馆，2005（1）：39-42.

[16] 刘兹恒.论我国图书馆学研究中对国外成果的借鉴[J].图书馆论坛，2007（6）：49-52.

[17] 王宗义.关于图书馆学基础研究的若干思考 [J].中国图书馆学报，2009（1）：47-51.

[18] 杨沛超，肖自力.从藏书建设到文献资源建设：文献情报工作理论与实践的重要进展 [J].情报资料工作，1991（5）：5-7.

[19] 代根兴.中国文献资源建设理论研究的回顾与展望 [J].图书馆，1996（3）：1-6.

[20] 吴晞.文献资源，信息资源和信息资源建设 [J].图书馆，1996（6）：1-4.

[21] 吴慰慈，张久珍.当代图书馆学情报学前沿探寻 [M].北京：北京图书馆出版社，2002.

[22] 詹德优，赵媛.90年代我国图书馆参考咨询服务研究述评 [J].中国图书馆学报，1997（1）：41-46.

[23] 奇正童话 .RFID 离我们还有多远？ [EB/OL].[2008-03-29]. http:// my.donews.com/leonz/2006/02/19/rfid.

[24] 王子舟 . 图书馆学基础教程 [M]. 武汉：武汉大学出版社，2003.

[25] 王世伟 . 世界著名城市图书馆述略 [M]. 上海：上海科技文献出版社，2006.

[26] 王世伟 . 关于国际大都市图书馆指标体系研究的若干问题 [J]. 图书情报工作，2007（5）：6-9，32.

[27] 王世伟 . 关于特大型城市图书馆顶层设计的思考 [J]. 图书馆建设 2007（5）：6-8.

[28] 詹福瑞 . 中国图书馆事业不平凡的 2007：公共服务突破性进展基层建设受到高度关注 [J]. 图书馆工作，2008（1）：69-70，72.

图书馆学情报学研究新进展[①]

　　图书馆学情报学的创新与发展植根于图书情报工作的实践。当前，技术、经济、社会环境的迅速变迁决定了图书情报工作实践的深刻变化，也带来了图书馆学情报学的创新与发展。

一、图书馆学情报学面向更广阔的图书情报工作实践

　　首先，随着现代信息技术与图书馆学情报学理论的日益密切结合，网络知识产业如网络出版物、搜索引擎、网络内容提供商（ICP）、专业数据库、咨询网站的大量出现，实际上扩大了图书馆学情报学研究的实践基础。其次，在网络环境中，图书馆转型和图书馆员角色转换也扩展了图书馆学情报学的实践基础；图书情报专业人员要充当信息导航员、信息咨询专家的角色，亟须图书馆学情报学新成果的指导。最后，知识管理概念引入图书馆学情报学体系，为图书情报人员提供了新的发展空间，这也扩大了图书馆学情报学研究的实践基础。

────────────

　　①　原文发表于《城市图书馆研究》创刊号（2012年第1卷第1辑）。

二、图书馆学情报学与现代信息技术日益紧密结合

图书馆学情报学的创新与发展，历来受信息技术的影响。现代信息技术是电子计算机技术、通信技术等多种技术的综合。计算机技术大大提高了人类生产、加工、存储和检索信息的能力，通信技术延展了人类获取和传递信息的途径。现代信息技术对图书情报工作的主要意义在于：信息的记录方式不再是模拟式和线性的，而是数字化的、非线性的。数字信息媒体具有可随机存取检索、可交互式组织再现和可快速远程传递等优势。数字信息媒体与传统信息技术的区别是本质的：其改变了信息载体的表现形式和信息的组织方式，决定了图书情报机构所能采取的信息工作方法，武装了广大图书情报工作者；同时，在很大程度上活跃了社会情报信息交流，满足了广大用户的信息需求。可以说，在新技术革命中，图书情报工作的各项基本组成要素无不深深地烙上了现代信息技术的印记。反映到学科发展上，就表现为图书馆学情报学与现代信息技术日益紧密的结合。

在网络知识空间里，信息技术（IT）和内容（Content）逐步走向融合。事实上，在迅速发展的因特网内容提供商领域，许多技术专家是从计算机、网络等现代信息技术的知识背景出发，寻求对因特网知识空间的信息、知识进行组织、控制和提供检索，只有少数人具有图书情报专业知识。反过来，现在图书情报界将越来越多的注意力放在对网络知识空间的信息组织控制和提供利用的研究上。这两者分别是从现

代信息技术和图书情报两个方向追求着同一个目标。

随着网络技术的迅猛发展，图书情报工作出现了一种泛化现象：一方面，许多以前不属于图书情报领域的机构逐步涉足网络知识的组织、控制，也就是技术向内容的情境；另一方面，图书情报工作日益结合网络的发展，充分利用新技术提供的各种新的可能性，构建业务工作的各种新情境，也就是内容向技术的延伸。图书情报的泛化现象说明：技术和内容正在走向融合，现代信息技术和图书情报理论、方法是共生共荣的，图书情报研究与现代信息技术的日益密切结合是一个发展趋势。

三、图书馆学情报学的研究范畴处于不断更新和拓展之中

20 世纪 40 年代以前，图书馆学情报学研究适应纸质载体文献和机器印刷技术的环境特征，处于相对稳定的发展状态中。主要研究领域包括：分类、编目、采访、保存与保护、书目资源管理等。

20 世纪 40 年代至 50 年代，虽然计算机已经问世，但还没有给图书情报工作带来重大影响。这个阶段，图书馆学情报学研究的主要注意力转移到了文献工作，重视对文献组织和检索的研究。

20 世纪 60 年代至 70 年代，计算机在信息组织、检索方面的优势日益显现。随着 MARC 格式和集中编目网络的出现，

共享编目成为可能，传统的分类编目工作的地位开始下降，对图书情报机构管理问题的研究渐渐增加，引文分析、书目计量的地位也日渐上升，联机检索和联机信息系统是图书馆学情报学研究中的一个新课题。

20 世纪 80 年代，计算机开始大量在图书情报工作中应用，研究重心转移到图书情报自动化集成系统、文献信息管理系统，以及联机数据库检索系统的开发、应用等方面，情报检索语言成为一个新的学科生长点。80 年代后期，对信息服务的研究逐渐深化。

20 世纪 90 年代，随着信息基础设施建设速度的加快，信息化和网络化的浪潮波及社会各个角落。图书馆界、情报界日渐重视网络环境下图书情报新的发展机制问题，研究热点从电子图书馆、虚拟图书馆开始，最终集中到对数字图书馆的研究。如何有效实现多媒体信息的数字化、信息的网上传递、网上信息交互式非线性共享存取，成为研究的焦点。

21 世纪前 10 年，图书馆学情报学研究集中于数字图书馆开发与利用、图书馆联盟、网络化图书馆、馆藏发展政策、数字资源与纸本资源协调发展、新技术在图书馆的应用、与数字资源相关的知识产权问题研究等方面。

以上简要勾勒了近半个世纪以来图书馆学情报学研究的发展轨迹，这可以说明图书馆学情报学的研究范畴一直处于不断更新和拓展之中，而且这个过程远没有结束。

四、图书馆学情报学呈现出多元研究视角

多元研究视角包括：（1）用户视角。将图书情报工作视为一种用户服务系统，重视研究信息用户的不同需求、用户行为、信息市场、信息服务等问题。（2）知识视角。认为网络的实质是知识空间，图书情报机构在知识空间中充当中介角色，重视研究知识组织、知识控制、知识发掘、知识增值等问题。（3）技术视角。重视图书情报工作中的技术要素，关注信息建构、元数据、信息传输、搜索引擎，检索语言等技术问题。（4）事业视角。重视发挥图书情报事业的整体优势，强调业务协作协调和资源共建共享。关注网络化中的机制选择、政策保障、权益分配、知识产权保护等问题。（5）管理视角。认为图书情报工作的核心是知识管理，知识管理是组织机构管理的重要组成部分，并将知识管理引入到图书馆学情报学研究中来。为提高图书情报机构的效益，图书情报专业人员提出了一系列管理概念，如岗位分类、业务外包（Outsourcing）、机构重组、委托代理（Contracting-out）、图书馆营销（Library Marketing）、全面质量管理（Total Quality Management，TQM）等。当前，图书情报机构改革的方向主要是：坚持公益性，改革经费投入方向和投入方式，将办馆效益和投入强度挂钩，改革用人制度和分配制度，健全内部激励机制。

五、图书馆学情报学研究方法的变化

文献研究表明，20 世纪 60 年代以来，图书馆学情报学研究方法主要采用：思辨法、调查法、历史综述法、系统设计法、文献研究法、个案或行为研究法、讨论方法等。

信息技术的应用促进了图书馆学情报学方法论的变化。例如，信息系统的开发必然大量地运用系统分析、设计及实验方法；对用户需求的研究涉及行为分析、心理分析，越来越多地用到文献调查、用户信息调查、统计分析等方法。此外，图书情报专业交流的渠道也发生了变化，研究人员日益重视电子邮件、电子讨论组、电子期刊和丰富的互联网信息。

六、调整图书馆学情报学研究的思维方式

提倡科学的思维方式，是当前我国图书馆学情报学研究的重要任务。当代科学是一个门类繁多、层次分明、结构复杂的知识系统。这个系统，不仅包括自然科学、技术科学和社会科学，而且也包括在这三大领域之间由于门类交叉、学科交叉、知识交叉、方法交叉所产生的各种各样的交叉科学、边缘科学和综合性科学。但任何科学知识，都有自己发育的过程，都有自己的演化历史。科学知识演化的四个阶段是：准科学—前科学—常规科学—后科学。前科学（pre-science）的重要特征就是诸学蜂起，百家争鸣。因为"前科学"多数属于表象理论，它是研究者从各个侧面观察和研究事物表现

效应的结果，因而对同一社会现象有着多种不同的认识和看法。例如，图书馆学研究对象的不同表述，图书馆学结构不同划分方法，图书馆学研究现状的不同评价，过量移植相关学科的理论与方法，等等，都与图书馆学仍处于前科学阶段紧密相关。前科学阶段的批评或反驳对方的批评，无论多么激烈，终究是谁也难以取代谁。前科学阶段，科学存在的形式乃"多重态"的科学，不可能形成排斥异己的所谓"科学共同体"。这是大科学观认识某一学科的思维方式，这种思维方式是以解放思想、超越自身有限经验为前提，以人类社会图书情报活动的全部历史和实践为对象的开放型思维，这一开放型思维是开展图书馆学情报学研究的思想基础。

参考文献

[1] 陈光祚 . 现代信息技术与图书情报学科群的发展 [J]. 图书情报工作，1996（3）：5-7.

[2] 顾敏，彭斐章，吴慰慈 .98 全国图书情报学研究生学术研讨会特稿（一）[J]. 图书情报工作，1998（9）：1-9.

[3] 吴慰慈 . 图书馆学理论与方法 [M]. 北京：北京图书馆出版社，2004.

[4] 赵红州 . 大科学观 [M]. 北京：人民出版社，1988.

[5] 贝尔纳 . 科学的社会功能 [M]. 陈体芳，译 . 北京：商务印书馆，1982.

[6] 米哈伊洛夫 . 科学交流与情报学 [M]. 徐新民，等译 . 北京：科学技术文献出版社，1983.

[7] 赵红州 . 科学能力学引论 [M]. 北京：科学出版社，1984.

图书馆学的研究现状与发展趋向 ①

一、当前图书馆学研究的热点问题

（一）数字时代图书馆的定位

面对数字与非数字信息资源并存的现状，出现了复合图书馆概念，这是图书馆在现阶段的战略定位，也是图书馆在今后相当长一段时间内的生存形态。"复合图书馆是将传统图书馆的文献资源与不断增长的数字化资源实行集成管理与服务的机制与界面。它不只是一个简单的过渡时期，而是一种全新的图书馆模式，具有自身特有的管理要求、运行规律与服务功能。"[1]图书馆界的主要任务是把社会上数字的与非数字的无序信息资源进行有序整合，用科学方法组成一个知识系统，用户既可从书目数据库查找书刊资料线索而获得原书、原刊，也可直接检索数字对象库，获得多媒体资料，在此基础上为公众提供智能化和个性化服务。

当前图书馆的服务 70% 以上是非数字的，即使是数字形式的资源，由于许多网络产品以 IP 地址为授权范围，因而读

———————
① 2007 年在北京大学信息管理系图书馆学博士生硕士生学术前沿讲座上所作的报告。

者必须到图书馆才能使用[2]。因此，人们仍将长期生活在数字与非数字信息资源共存的社会空间，非数字信息资源在相当长一段时间内，依然是信息交流的主渠道和正统方式。以印刷型文献为主要处理对象的图书馆不会走向消亡，也不可能成为印刷时代的纪念物。数字图书馆的出现，并没有否定传统图书馆继续存在的依据。数字图书馆与传统图书馆之间的关系，不是替代的关系，而是互相依赖、互相促进的关系，如果没有传统图书馆选择、收集、加工文献信息，数字图书馆中的信息资源就会匮乏；反之，如果没有数字图书馆提供新的信息环境，传统图书馆也不可能突破原有工作的局限，有限的馆藏和服务就难以充分满足用户的需求。在一定时期内，传统图书馆将与数字图书馆长期并存，互为补充，共同满足用户的信息需求。

（二）关于公共图书馆研究

近几年的成果主要是论文。其内容主要涉及以下五个方面：

（1）公共图书馆的性质和作用。有的学者通过对公共图书馆发展历史的回顾，认为公共图书馆不再仅仅指其公共性，而更强调其"依国家法律建立的，受地方税收和自愿捐赠支持的，被当作公共信念管理的，每一位维护这个城市的市民都有平等地享有它的参考与流通服务的权力"[3]。公共图书馆是维护公民权利的保障机构。公共图书馆的上述特征，决定了它在建设社会主义和谐社会中，必然起到缓解社会矛盾、维护信息公平、弥补数字鸿沟、保障公民权利、活跃文化生活、提高教育水平、推动社会和谐发展的作用[4]。

（2）公共图书馆精神。有的学者认为，图书馆精神是一种理念，是图书馆人的价值观，是图书馆目标与行动的指南。从图书馆作为社会公共信息机构完成其相应社会职能的过程来考察，图书馆精神应体现为三个层次：激励图书馆人爱岗敬业的职业精神，创新图书馆学理论框架的学科精神，实现公民信息自由权利的图书馆制度精神[5]。

（3）公共图书馆与城市竞争力的关联性。有的学者把这种客观存在着的某种程度的关联性概括为三个方面：一是公共图书馆作为城市功能载体的重要组成部分，以其特有的对文化传播的广泛性、渗透性，影响着城市精神领域的文明程度和文化品位，提升着城市市民的总体文化素质和公德修养，增大城市文化含量。二是公共图书馆作为城市产业的辅助剂，有助于城市诸多相关产业的良性发展，影响着城市经济的增长，如公共图书馆的生存是以庞大的文献量为前提的，大量地采购文献必然会带动城市出版业的发展，而出版业又与印刷、设计、包装、生产运输等产业相关联，因此形成层层扩散的产业链，提升了城市的经济水平；此外，公共图书馆以它特有的地方文献资源支持着地方旅游产业的发展，同时也影响着与旅游产业相关联的产业群。三是公共图书馆作为二元文化（精英文化、大众文化）的黏合剂，促进了城市社会各阶层人群的共生共存，使城市社会结构得到了良好的整合。满足城市大众共同的精神需求和文化需求是公共图书馆的社会责任，同时公共图书馆并不排除精英人物对高雅文化的需求。大众文化与精英文化的并存，不同阶层、不同人群的共生，强化了城市社会的凝聚力和整合功能[6]。

（4）公共图书馆制度。主要有两种观点：第一种观点主张建立一个信息公平与信息保障的制度[7]；第二种观点认为应构建针对弱势群体的知识援助制度[8]。这些成果从人本的角度关注信息公平、弱势群体等被人们忽视了的人文话语，扭转了过去一段时间内片面强调技术而忽视以人为本的偏差，倡导图书馆制度应该保障公民平等的知识获取权，特别是弱势群体利用公共图书馆的权利。

（5）县级图书馆的生存与发展是近几年图书馆学研究的一个热点。2005 年 10 月 31 日至 11 月 2 日，全国首届"百县馆长论坛"在红旗渠畔——河南省林州市隆重举行。全国 20 多个省（自治区、直辖市）的百余名县级图书馆馆长围绕"中国县级图书馆的生存与发展"这个主题，从文献资源建设、服务对象与服务模式、数字化和网络化建设等方面进行了深入的交流与研究。有的学者指出，目前阶段制约我国公共图书馆发展的瓶颈是县级图书馆。不解决县级图书馆问题，就无法形成我国图书馆事业持续、协调发展的格局，就无法形成覆盖全社会的、比较完备的公共文化服务体系，就不会有面向大众的文化关怀、文化享有、文化提高和文化创造[9]。关于振兴县级图书馆的突破口，有学者认为主要在于三个方面：首先是实现基本保障，公共图书馆资源配置的优先顺序，应该在加大投入总量的基础上向县级图书馆倾斜，解决县级公共图书馆文献购置费的政策性保障问题；其次是提升馆长素质，有必要实施全国县级图书馆馆长的培训计划，培养出一批深刻理解现代图书馆理念、有一定专业水平和管理能力的职业型图书馆馆长；最后是改善服务效益，在政府增加投入的同时，图书馆必须强化内部管理，降低服务成本，提高服务效益，发挥社会功能[10]。近期的公共图书馆研究，研究范围有所扩大，理论方法上也有所探求，既重视多角度多侧面的观察，又有多篇文章强调了现实问题的解决，体现了时代性。

（三）关于信息网络传播权研究

2005 年，国家将《信息网络传播权保护条例（草案）》列入立法议程。《信息网络传播权保护条例（草案）》所涉及的利益各方，包括著作权人、著作权拥有者和代表公众利益的图书馆，都面临着新一轮的博弈。2005 年 8 月 20 日，中国图书馆学会组织高校的有关专家、学者制定并向社会宣布了《关于网络环境下著作权问题的声明》①。图书馆界以这份《关于网络环境下著作权问题的声明》将诉求传达给公众和立法部门，并且围绕着这份《关于网络环境下著作权问题的声明》的制定、发布、推介而开展了一系列研究工作，出版了比较重要的通论性著作两部[11]，发表了比较重要的论文三十余篇。根据论文的内容，大致可以归纳出以下的观点：第一，著作权立法应充分行使国内立法权。《保护文学和艺术作品伯

---

①　中国图书馆学会发布《关于网络环境下著作权问题的声明》，2005 年 8 月 20 日，中国图书馆学会七届一次理事会通过该声明。全文参见《新华书目报·图书馆专刊》2005 年 10 月 5 日，B3 版。

尔尼公约》和 1996 年通过的《世界知识产权组织版权条约》《世界知识产权组织表演和录音制品条约》都承认著作权保护上的"国内立法权"。所谓国内立法权，即著作权保护在本国内适用的"限制与例外"，在"不与作品的正常利用相抵触，也不无理地损害作者合法利益"的前提下，国内立法可以对作者的权利进行适当限制。我国 2001 年修改《中华人民共和国著作权法》时，显然没有充分行使这一国际条约所允许的，对发展中国家有重大意义的权利。在今后的国内著作权立法中，特别是在《信息网络传播权保护条例（草案）》的制定过程中，应该充分利用国际条约允许的国内立法权，针对我国的国情，设置相应的符合国家利益、公众利益和社会发展水平的权利限制与豁免条款[12]。

第二，信息网络传播权不应偏离其立法目标。有的学者指出："保护著作权人和与著作权有关的权利人"，"鼓励优秀作品、表演和录音录像制品通过信息网络向公众传播"，这一立法目标是正确的，也符合中国的国情。国际条约并不要求扩大或缩小信息网络传播权合理使用的范围。信息网络传播权应只涉及点对点这一新型传播形式，不应涉及复制权问题，立法目标应与公共利益相吻合，非营利性图书馆在不扩大原读者范围的情况下，通过网络获取自己合法收藏的信息应属于合理使用[13]。

第三，非营利公益性图书馆信息网络传播豁免的合理性。有的学者认为，合理使用作为著作权法中一项极为重要的原则，对于教育和学术研究有特殊价值。如果著作权法不对著作权人的权利进行适当限制，不赋予图书馆员和个人用户明确豁免权，就会加深信息富有者和信息贫困者之间的鸿沟[14]。有的学者指出，我国的法律法规框架体系对于以国家图书馆为代表的公益性图书馆的合理使用没有给予足够的保证，为缓解公众快速增长的通过网络获取信息资源的需要与图书馆通过网络提供资源有限的矛盾，支持图书馆的合理使用，国家图书馆期盼在即将出台的《信息网络传播权保护条例（草案）》中能够体现有关内容，以确保公益性图书馆职能的履行。有的学者呼吁，无论是以作品创作者为代表的著作权人，还是以作品后续制作者、传播者为代表的著作权持有人，在通过立法和司法等程序推动社会对著作权保护的同时，都应站在社会公正和公共利益的高度，理解并支持非营利公益性图书馆依法享有一定程度的网络传播合理使用豁免权[15]。

有些学者在自己的论文中也表达了不同的看法。例如有学者认为，公益性图书馆局域网络信息传播相对于信息网络传播权应是一个例外。这一点和著作权法是不相符的。在《中华人民共和国著作权法》中指的是总体的网络传播，并没有将局域网和因特网加以区分。如果说要将局域网作为例外，还应该进行更加严格的区分——公益性图书馆对学校教学所需教学资料的复制与网络传播豁免，这个范围定得过大。公益性图书馆出于合法的、非侵权的目的规避技术保护措施的豁免也存在争论。技术措施是权利人所设定的技术保护措施，目的在于避免侵权，如果想使用图书馆信息，就必须要获得解开这种保护措施的"钥匙"。图书馆规避这种技术保护措施，如果未经许可不能视为合法的[16]。有的学者指出，关于豁免和合理使用问题应该严谨，图书馆究竟是否应该享受特权，为什么要享受这种特权，这一点必须得到相关机构和社会团体的明确认可；应该对豁免的范围进行更加明确的界定，要考虑这种豁免有可能给著作权带来哪些影响，从而再确定这种豁免可不可取[17]。

（四）图书馆学理论研究

近几年，图书馆学基础理论方面的论文不多，但较有分量，且在某种程度上有新的进展。有的学者试图以新的视角构建一个基于知识资源论的图书馆学基础理论体系，从而为图书馆学理论研究提供一个明朗、丰富的研究框架。该项研究深入探讨了图书馆学的学科基点、知识资源论的理论来源、图书馆学的哲学观、图书馆学原理和图书馆学方法论[18]。有的学者利用 CSSI 所提供的数据，探讨图书馆学基础理论研究中的学科建构和学理建构两种模式[19]。有的学者研究了图书馆学方法科学化、理论科学化和问题科学化，并指明了应当研究的重点问题[20]。此外，还有不少学者指出，图书馆学基础理论研究不仅应该注意本学科基本问题的阐释，而且要更加关注对本学科前沿性问题的研究，目的在于认知图书馆学重要范畴和建构理论框架。有的学者述评了近十年我国图书馆学基础理论八个主要领域的研究成果，并对今后发展提出了建议[21]。

（五）关于图书馆史的研究

学术研究是一种探索性的行为，为了少走弯路，就需要不断回顾过去，以便正确地指导现在和规划未来。图书馆史的研究正是以此为目的，因此历来受到图书馆界的重视。2004 年，正值中国图书馆事业百年庆典，中国图书馆学会组织编写了"中国图书馆百年系列丛书"：《百年大势》《百年情怀》《百年人物》《百年文萃》和《百年建筑》，从历史的、人文的，以及学术研究、建筑文化等各个层面对中国图书馆事业的百年历程做了完整而深入的诠释与展示。2005 年仍有不少学者继续在这个领域内耕耘，发表了一些有分量的论文。例如，连载于《图书馆建设》2004 年第 6 期、2005 年第 1 期的《百年沧桑世纪华章——20 世纪中国图书馆事业回顾与展望》[22] 等文章，已为不少研究者所瞩目。

（六）图书馆合作与信息资源共享研究

合作与共享问题既是 2005 年高校研究的热点问题，也是成果产出较多的研究课题。2005 年 7 月，武汉大学信息管理学院在举办"数字时代图书馆合作与服务创新"国际研讨会期间，邀请北京大学、清华大学、复旦大学、南京大学、南开大学、中山大学等 50 多所大学图书馆的馆长，探讨数字时代大学图书馆合作与信息资源共享问题，并原则通过了《图书馆合作与信息资源共享武汉宣言》[23]（以下简称《宣言》）。《宣言》阐述了关于信息资源共建共享的基本精神，提出了开展图书馆合作与资源共享的行动方向，这是许多专家学者智慧的结晶。有的学者认为，在新的图书馆业态环境中，图书馆信息资源结构发生了重要的变化。由于人们从网上存取的信息，具有与馆藏文献一样可资利用的属性，因而图书馆赖以提供服务的资源基础，必然由印刷型文献为主向以数字化信息为依托的方向转变。在网络环境中，当一个图书馆的馆藏转化为文献数据库并提供网上服务时，其他图书馆再把相同的资源进行加工上传是没有意义的。正是基于这样的现实，在数字化时代，大学图书馆的合作比以往任何时候都更为必要[24]。

另有学者认为，图书馆合作是信息资源共建共享的核心，而图书馆联盟则是图书馆合作的一种重要的组织形式。全球图书馆联盟的数量在 500 个以上，其中仅美国的图书馆联盟就有 200 多个。在我国，图书馆联盟仍然由政府实施宏观管理，有较严密的组织形式，但主要是自愿建立起来的，参与的成员主体地位平等，参与的程度由成员自主决定，参与的利益由成员分享。这种联盟既与国际接轨，又符合中国的实际情况。今后不仅要建立系统内部的图书馆联盟，而且要促进同一地区跨系统图书馆联盟的建设[25]。

近几年，中国高校关于数字图书馆联盟的研究，具有学术视野宽、研究开拓深、实用性强等特点。有的研究者提出在宏观决策层面上应该采取的行动：一是国家要尽快制定《图书馆法》和其他保障信息资源公共获取的法律[26]；二是政府有关部门要在促进跨系统的信息资源共享方面发挥组织与协调作用[27]；三是加大对 CALIS（China Academic Library &

Information System，中国高等教育文献保障系统）等国家级信息资源共享项目的建设力度，并通过制定正确的政策鼓励更多的高校图书馆和非高校系统图书馆参与项目的建设[28]；四是鼓励并积极参与学术资源的开放存取。开放存取（Open Access）是一种学术信息共享的理念和出版机制，在这种出版模式下，学术信息可以无障碍地进行传播，任何研究人员可以在任何地点和任何时间不受经济状况的影响，平等地免费获取和使用学术成果。开放存取体现了一种全新的信息资源共享理念[29]。

二、图书馆学研究的发展趋向

尽管我国图书馆学研究取得了显著的进步，发生了三个新的变化：图书馆学研究的范畴和空间扩展了，图书馆学技术含量提升了，图书馆学显现出许多新的生长点。但是与其他学科和国外同类学科相比，仍然存在一些亟待解决的问题。其一，重复研究问题依然存在。这种重复研究表现为，某些学者在研究上选题重复、思路重复、观点重复、方法重复。像知识管理、资源共享、信息服务等热点问题，发表的成果数量相当可观，但在研究思路、理论观点、技术方法方面因具有新颖性而别开生面的并不多见。重复研究不过是对既有知识的重组，对知识的增长并没有实质性的贡献。其二，实证研究有待加强。图书馆学所研究的问题大都是实践性很强的问题，因而实证研究应当是图书馆研究的基本维度和思路。

但是，中国图书馆界相当一部分学者仍然习惯于从理论命题到理论命题的推演式研究；有些学者的研究甚至还停留在堆砌、罗列各种各样的观点和结论，而没有任何实质性的推理、论证和分析。实证研究的缺乏不仅是学术研究风格的问题，更是影响学科发展的问题。其三，应用研究尚需深入。关于数字图书馆建设，我国在政府层面至今尚未出台过指导性意见，更谈不上一个统一的整体规划。数字图书馆建设必须遵循关于数字资源加工、描述和互操作方面的标准规范，才能保证数字图书馆系统的长期可使用性、互操作性和可持续性。在开放和可互操作基础上的标准与规范建设，是各数字图书馆系统实现共建共享、互联互通的技术保证。但是，目前我国数字图书馆标准研究相对滞后，各数字图书馆系统间存在一定的利益冲突，缺乏有效的开放建设机制，导致我国尚未建立起共同遵循的数字图书馆标准规范体系①，这在一定程度上影响了数字图书馆建设[30]。近几年来，科技部重大项目"我国数字图书馆标准与规范建设"已经完成了 89 个标准规范的制订，但目前这些标准规范还只是课题成果，尚未成为国家标准或行业标准。因此，还必须深入开展对数字图书馆标准规范的应用研究，除对国外相关标准规范进行跟踪研究

---

　　① 编者注：本文写作于 2007 年。近年来，我国数字图书馆标准化规范化体系建设在全国图书馆标准化技术委员会指导下日益完善。有关数字图书馆标准规范体系建设实践可参见赵悦、申晓娟、胡洁等《数字图书馆推广工程标准规范体系建设规划与实践》（国家图书馆学刊，2012 年第 3 期）。有关智慧图书馆标准体系的设计和实施策略可参见申晓娟、邱奉捷、杨凡《智慧图书馆标准体系的构建》（中国图书馆学报，2023 年第 5 期）。

外，还要加强对中文信息处理相关标准规范的研究。可以预见的是，数字图书馆有关标准规范的研究将会继续得到关注与发展，数字资源永久保存、中文信息处理等有关标准规范将成为研究的主要方向。

图书馆学发展至今，综合发展、整体化趋势日渐明显。引进新方法，吸收新思想，是促进本学科发展的必要条件。因此图书馆学研究要坚持理论与技术相融合，开展跨学科的交叉研究；要坚持理论与实践相结合，面对现实，回答现实所提出的最迫切的问题；要坚持基础研究和应用研究"两手抓"，前者对后者起指导作用，后者反过来对前者起丰富和发展的作用；正确处理现实、历史、理论三者之间的关系，是推进图书馆学研究的重要原则。

参考文献

[1] 国家图书馆发展研究院 . 转型期图书馆工作研究 [M]. 北京：北京图书馆出版社，2003：6.

[2] 陈源蒸 . 数字图书馆非图书馆 [J]. 大学图书馆学报，2005（4）：2-8.

[3] History of the public library // KENT A. Encyclopedia of Library and Information Science，1973（29）：267.

[4] 吴慰慈 . 公共图书馆在构建和谐社会中的作用 [J]. 图书馆，2006（1）：1-2，10.

[5] 韩毅，刘丽 . 图书馆精神的历史积淀与层次性分析 [J]. 图书馆，2006（1）：14-17.

[6] 丁清英，杨慧漪 . 公共图书馆与城市竞争力的关联性 [J]. 图书馆，

2006（1）：84-86，92.

[7] 蒋永福，黄丽霞 . 信息自由、信息权利与公共图书馆制度 [J]. 图书情报知识，2005（1）：20-23.

[8] 王子舟，肖雪 . 弱势群体知识援助的图书馆新制度建设 [J]. 图书情报知识，2005（1）：5-11，97.

[9] 李国新 . 公共图书馆事业进一步发展的突破口 [N]. 新华书目报·图书馆专刊，2005-12-05（B13）.

[10] 刘忠平 . 中国图书馆学会首届"百县馆长论坛"综述 [J]. 图书馆，2006（1）：53-54.

[11] 江向东 . 版权制度下的数字信息公共传播 [M]. 北京：北京图书馆出版社，2005；秦珂 . 数字图书馆版权保护导论 [M]. 北京：气象出版社，2005.

[12] 李国新 . 承担社会责任营造和谐共赢的著作权保护局面 [N]. 新华书目报·图书馆专刊，2005-10-15（B4）.

[13] 陈传夫，周淑云 . 维系网络传播与公共利益的协调 [J]. 图书情报知识，2006（2）：5-9.

[14] 吴慰慈 . 信息网络传播与版权合理使用 [N]. 中国知识产权报，2005-08-24（7）.

[15] 詹福瑞，陈传夫，肖燕 . 关于《信息网络传播权保护条例（草案）》的修改建议 [J]. 中国图书馆学报，2006（2）：5-8，14.

[16] 陈昭宽 . 提高意识　多方协调　共同推进著作权保护 [N]. 新华书目报·图书馆专刊，2005-10-15（B6）.

[17] 张杰 . 以科学的方式探求网络环境下的著作权 [N]. 新华书目报·图书馆专刊，2005-10-05（B6）.

[18] 柯平，王平. 基于知识资源论的图书馆学基础理论体系研究 [J]. 中国图书馆学报，2006（2）9-14.

[19] 李超平. 观察与思考：图书馆学研究现状分析 [J]. 中国图书馆学报，2006（2）：25-29.

[20] 叶鹰. 科学化图书馆学及其问题建构 [J]. 中国图书馆学报，2006（2）：15-18.

[21] 吴慰慈. 图书馆学基础理论研究述评（1995—2004 年）[J]. 中国图书馆学报，2005（2）：15-19.

[22] 程焕文. 百年沧桑　世纪华章：20 世纪中国图书馆事业回顾与展望 [J]. 图书馆建设，2004（6）：1-8；2005（1）：15-21.

[23] 图书馆合作与信息资源共享武汉宣言 [J]. 大学图书馆学报，2005（6）：2-4.

[24] 陈传夫，肖希明. 凝炼共识　昭示理念　推进合作共享：我们理解的《图书馆合作与信息资源共享武汉宣言》[J]. 大学图书馆学报，2006（2）：2-7.

[25] 郑建明，陈雅，陆宝益. 数字时代图书馆的合作与资源共享：写在《图书馆合作与信息资源共享武汉宣言》发表之后 [J]. 大学图书馆学报，2006（2）：2-7.

[26] 江向东. 版权制度下的数字信息公共传播 [M]. 北京：北京图书馆出版社，2005.

[27] 张晓林. 从数字图书馆到 E-Knowledge 机制 [J]. 中国图书馆学报，2005（4）：5-10.

[28] 臧国全，王博. 图书馆信息资源数字化项目实施要素分析 [J]. 大学图书馆学报，2006（1）：63-68.

[29]王云娣.网络开放存取的学术资源及其获取策略研究[J].中国图书馆学报，2006（2）：76-78.

[30]孙承鉴，申晓娟，刘刚.我国数字图书馆发展十年回顾：综述[J].数字图书馆论坛，2006（1）：1-13.

网络时代公共图书馆工作发展态势 ①

一、近现代公共图书馆工作的发展阶段

近现代公共图书馆工作发展有 100 多年的历史，大致可分为三个阶段。

第一阶段，是传统的手工操作阶段。这个阶段，主要是依赖于传统的卡片目录，对图书馆馆藏进行组织，核心技术是手工标引、编目等传统的手段，这是一种先组式的资源组织模式。

第二阶段，是从 20 世纪 70 年代中期开始，随着计算机和 MARC（Machine Readable Catalog，机器可读目录）的出现，图书馆进入自动化发展新阶段。这个阶段，从本质上并没有改变卡片时代的图书馆，它还是一种先组式的模式，而且 MARC 模式本身是面向图书馆内部管理的手段，功能要远远多于支持用户检索。

第三阶段，是从 20 世纪 90 年代以后开始的，图书馆发展进入了网络化、数字化新阶段。这个阶段，图书馆功能和特点发生演变，主要体现在两个方面：一方面是计算机技术

① 原文发表于《图书与情报》2011年第1期，系吴慰慈教授在2010年北京大学图书馆学博士生学术论坛上所作的报告。

的出现使馆藏管理向信息管理演变，从书目数据库到文摘、全文数据库，所追求的是用 IT 技术对信息进行管理；随着数字图书馆相关技术的实现，正在向知识管理方向发展，即通过基于语义网络、数据挖掘、知识发现的人工智能技术等手段进行知识管理。从一定意义上来讲，数字图书馆追求的目标是知识管理系统。另一方面是图书情报工作的组织转向以用户为中心。传统图书馆，通常是读者必须按照图书馆已经组配好的资源体系、服务模式进行。图书馆的业务流程和服务模式是以管理馆藏为核心的，在这个基础上向用户提供服务。当前，数字图书馆研发中的一个重要问题就是用户接口和知识组织。这体现了数字图书馆不管是通过网络，还是通过其他模式，向用户提供服务时，用户流程和服务模式必须以用户为中心，这是一个质的变化。

二、网络时代公共图书馆工作发展态势

网络时代公共图书馆工作发展态势，是对世界公共图书馆工作进行充分调研总结出来的，主要体现在以下八个方面：

第一，建立信息资源整合体系。对于任何一个图书情报机构来讲，不同载体、不同类型和不同来源的信息资源必须进行整合。从资源层面上来讲，这里面涉及很多问题，一是进行信息采集时如何进行整合，二是在整合建设的背景下，如何及时集成产生的分布式的数据化信息资源，包括开放链接、跨库检索、一站式检索，以及如何有效地整合图书馆资

源和图书馆服务。

第二，提供新型的虚拟参考咨询服务。也就是图书馆从单纯借还为主体逐渐地转向参考咨询（E-Library），即从被动式的信息获取服务，向合作式的信息推荐方式发展。

第三，提供个性化服务。个性化服务的本质问题，是图书馆的资源和服务是允许用户定制的。传统图书馆是不能被用户定制的，从理论上讲，现代图书馆首先应该具有一套完整的机制，支持用户自助式地完成资源的获取。再就是进行信息推荐，不仅是基于图书馆员的智力智能推荐，而是要基于计量方法、文献分析方法、语义方法、科学计量等方法客观地进行。

第四，开展以图书馆联合体为基础的馆际合作。当前，任何一个图书馆都不可能通过单馆保障完成信息服务，必须建立在一个馆际合作、共建共享体系的基础上，该体系应该有更强的关联性和可操作性。

第五，建设作为知识门户的图书馆网站。图书馆网站应是一个服务型的系统，是用户获取资源、发现知识的重要窗口，应该把图书馆从资源组织到信息服务整个的业务流程移植到网络平台上，由大家共同维护，构建一个基于服务的、以用户为主的图书馆平台。

第六，开展用户信息素质教育。以用户为中心，用户信息素质教育就变成一个更加重要的问题。在复杂的分布式信息资源网络环境下，用户保持对信息的敏感性，保持信息技能的实时提高，已经不仅是一个检索技能问题。

第七，构筑数字化学术交流平台。随着数字化的日渐深入，我们不仅要考虑显性知识，还要开发用户头脑中的隐性知识。通过数字化学术交流平台，促进传统的非正式交流，使研究人员头脑中的隐性知识在交流过程中完成显性化。

第八，创建用户主导的服务质量评价机制。这个问题属于服务创新的范畴，服务创新包括服务理念创新和服务方式创新。服务理念创新就是要追求"零距离、零缺陷、零投诉"的最佳服务；服务方式创新就是要追求"服务规范化、服务个性化、服务多样化"。图书馆必须构建一种快速反应机制，能够很快听取用户意见。我们应该以"换位思考"的思维方式审视资源与服务的关系。以前是经费决定资源，资源决定服务；现代图书馆应该创建用户主导的服务质量评价机制，即"需求决定服务，服务决定资源"，这就是当前发达国家图书馆所倡导的"需求决定论"。

信息资源开发与利用的十个热点问题 [①]

当前，很多国家将信息资源开发利用提高到国家战略的高度，上升到国家信息化核心的地位。加强信息资源开发利用、提高开发利用水平，是发展信息资源产业、推动传统产业改造、促进经济社会全面发展的重要途径，是增强国家综合国力和国际竞争力的必然选择。

一、指导思想问题

指导思想属于发展战略的范畴，是制定政策、确定社会发展目标和任务的依据。信息资源是现代社会最重要的战略资源，是一个国家经济发展和社会进步的重要保证。信息资源和经济活动相结合，使信息资源具有很强的渗透性，可以广泛地渗透到经济活动的方方面面。同一信息资源可以作用于不同的对象，并产生不同的经济效果。人们通过对信息资源特性以及信息成本、价值的研究，发现信息具有完备的经济属性，从而在理论上确立了信息资源作为经济资源的重要地位。因此，很多国家都把开发利用信息资源作为推进社会

---

① 原文发表于《中国图书馆学报》2008年第3期。

信息化的首要任务。为完成这个任务应遵循的指导思想是：①走联合开发、规模发展的道路，避免重复开发，效率低下；②加强数据库建设和信息网络建设，并使两者相互促进；③重视因特网资源的开发利用，加强信息高新技术的应用；④加强信息法制建设，保护知识产权；⑤促进公共领域信息[①]（Publie Domain Information，PDI）的公开与交流，倡导并推进零障碍获取信息资源；⑥推行信息素质教育，提高公众利用信息资源的意识与能力。

上述六条是国内外信息资源开发利用实践经验的总结和概括，反映在美国联邦政府和相关机构先后颁布的《美国联邦信息资源管理政策》（A-130 文件）、《电子信息收集政策指南》《公共信息准则》《美国国家信息基础设施：行动计划》（即 NII 计划、GII 计划、NGI 计划）；欧盟颁布的《欧共体信息环境协调计划》《欧共体关于数据库著作权的指令》《欧共体关于数据库保护的指令》《欧共体关于信息服务法律责任的指令》等；也体现在中共中央办公厅、国务院办公厅于 2006 年 9 月 12 日公布的《2006—2020 年国家信息化发展战略》文件中。对于发展中国家来说，开发利用信息资源的战略目标是帮助广大民众跨越数字鸿沟。

数字鸿沟又称信息富有者和信息贫困者之间的鸿沟。目前全世界 84% 的移动电话用户、91% 的传真机、97% 的互联网主机、77% 的网络化图书馆分布在发达国家。这种不平衡

---

① 《图书馆·情报与文献学名词》2019 年版收录该词为"公共域信息"。

使得信息富有者与信息贫困者之间的差距正在加深，它将加剧全球的贫富差距，危害全球共同繁荣的前景。

中国不仅与发达国家存在相当大的数字差距，而且国内不同区域之间也面临着缩小数字鸿沟的艰巨任务。信息产业部提出的解决办法：一是发展经济，增强综合国力；二是制定符合国情的信息通信发展战略，努力构筑和完善信息基础设施，加强发展信息通信技术及其产业，推进社会信息化进程；三是建立普遍服务保障体系，缩小数字鸿沟；四是加强国际合作，促进全球经济协调发展。

我们还应该明确，政府主导是消除数字鸿沟的一个重要手段。科技部推出的消除数字鸿沟西部行动，主要是普及有中国特色的网络计算机、通信教育、电脑农业、网上政务和远程医疗等，从而逐步解决信息不对称问题，缩小西部地区与东部沿海地区在信息化方面的差距。

二、非数字资源定位问题

当前，很多信息机构（包括图书馆）都热衷于发展数字资源，对印刷型书籍的重视程度有所降低。这是图书馆转型过程中客观存在的一种误解，中国图书馆界有这种认识上的偏颇，美国及其他国家也曾有这种认识。这个问题源于"拥有"与"获取"的讨论。讨论的主题是：在图书馆信息资源建设与服务中如何正确处理"拥有"馆藏信息资源与"获取"馆外信息资源之间的关系。这场讨论始于1975年，当时在美国《图书馆杂志》《图书馆趋势》《图书馆采访》《图书馆管理杂志》等学术期刊上发表论文进行争辩，一直延续到20世纪末。在讨论中，一种观点认为"获取"比"拥有"更重要，主张多一些获取，少一些拥有，有的甚至认为"获取"应取代"拥有"。另一种观点认为"拥有"与"获取"同样重要，二者不可偏废，只有这样才能保证信息资源建设与共享的可持续发展。

在现实生活中，图书馆面对的资源通常可以划分为数字资源和非数字资源。而当前图书馆的服务70%以上是非数字的，即使是数字形式的资源，由于许多网络产品以IP地址为授权范围，读者必须到图书馆才能使用。因此，人们将长期生活在数字与非数字信息资源并存的社会空间，非数字信息资源在相当长一段时间内，仍然是信息交流的主渠道和正统方式，传统的印刷型文献依然长存。正如美国图书馆学专家华尔特·克劳福德所指出的"人们正在认识到，图书馆的未来，是数字和印刷文献并存的未来"。以印刷型文献为主要处理对象的图书馆不会走向消亡，也不可能成为印刷时代的纪念品。

美国大学图书馆协会（ARL）给数字图书馆下的定义是目前最全面和最权威的定义：

- 数字图书馆不是一个单一的实体。
- 数字图书馆是把许多地方的资源连接在一起的技术。
- 众多数字图书馆和信息服务的连接对最终用户应是透明的。

● 数字图书馆的目标是让广大用户最大限度地获取信息、得到信息服务。

● 数字图书馆的馆藏不应局限于原件的替代品，还应包括无法用印刷方式表现或传递的实物，并将其数字化。

从以上界定的内涵看，数字图书馆的出现，并没有否定传统图书馆继续存在的依据。数字图书馆与传统图书馆之间的关系，不是替代的关系，而是互相依赖、互相促进的关系。在相当长的时间内，传统图书馆将与数字图书馆长期并存，互为补充，共同满足用户的信息需求。

三、图书馆资源观问题

20 世纪 90 年代互联网出现后，图书馆发展进入网络化、数字化的新阶段。在网络环境下，图书馆馆藏发展发生了三个变化：一是馆藏内涵的变化。图书馆馆藏不仅包含印刷型书刊资料、缩微资料、视听资料，还包括各种电子出版物、电子信息资源，外部信息资源，即图书馆虚拟馆藏，也就是把图书馆馆藏分为实体馆藏＋虚拟馆藏。二是馆藏发展目标的变化。面对"快速变化的用户需求、快速变化的研究项目、快速变化的经济状况"的挑战，馆藏发展目标必须重新定位。美国学者 F. W. Summers 提出：图书馆馆藏发展将从根据用户的潜在需求采集书刊资料转变为根据用户的现实需求来提供信息，把图书馆建设成为信息资源库。三是馆藏评价标准的变化。图书馆馆藏从一馆封闭式自我建设转变为信息资源共享的图书馆联盟。馆藏评价的重要指标之一是信息存取质量。选择性存取的质量决定着图书馆服务能力，以信息存取质量为尺度将成为馆藏评价的重要标准。

上述三个变化，促使图书馆新资源观的确立，该观点主要有以下两个基本点：一是图书馆信息资源建设的对象不再局限于传统的文献概念，而是包括传统的印刷型文献、电子出版物和网络信息在内的涵盖范围广泛的信息资源；二是从网络图书馆（Online Networked Libraries）的概念出发，根据用户的多元化信息需求，构建不同信息格式和信息类型的资源系统。

在新资源观导引下，图书馆信息资源建设有了新发展，主要体现在调整信息资源建设的政策和网络信息内容建设两个方面。由于图书馆所处的信息环境发生了重大变化，需要在新的信息环境中调整信息资源建设的政策，其主要内容包括：①在馆藏发展模式选择中如何处理"拥有"与"存取"的关系，一般采取实体馆藏为主，虚拟馆藏为辅。②在馆藏资源体系建设中如何实现实体馆藏与虚拟馆藏的协调发展，一般以 7：3 或 6：4 或 5：5 的范式施行。③在馆藏资源选择与评价中如何确定电子资源的选择标准和评价标准。一般说来，美国高校图书馆在采集电子资源决策中，会优先考虑那些有权威性、质量高、适合学校重点学科发展的资源，并且会在经费配置中优先保障，以取得合理的资源配置和较好的成本效益。④作为图书馆资源组成部分的网络信息资源如何整合和检索，一般是集成分布式数字资源，包括开放链接、跨库检索、一站式检索等。⑤在信息资源共建共享模式与运行机制方面，国内外有识之士普遍强调服务方式的创新，所追寻的目标是服务个性化，服务多样化，服务规范化。

网络信息内容建设是信息资源开发利用的新发展，其常用方式有：①利用国外源的信息集成；②自建数据库；③按专业分类建立导引库；④利用站点导航和搜索引擎等手段，有目的、有选择地从网上下载信息，按照统一格式建成检索系统；⑤数据库镜像。

四、信息构建问题

随着计算机网络应用的普及和信息生态环境问题的日益严峻，关于信息构建（Information Architecture，简称 IA）的提法逐渐在西方国家风行，其理论与实践问题引起了图书馆学情报学界的关注。最初提出 IA 概念和相应研究领域的是美国建筑师沃尔曼（Richard Saul Wurman），他将信息的收集、组织和表示与建造建筑物所要解决的问题相比较，确认信息构建是组织信息、设计信息环境、信息空间或信息体系结构以满足信息需求的一门艺术和科学。R. S. 沃尔曼著述丰富，其中与 IA 理论探讨相关的是两本书：一是《信息饥渴》（Information Anxiety），另一本是《信息建筑师》（Information Architects）。他和他的支持者对信息构建的理论贡献主要是：①信息建筑师的职责是"让信息变得可理解"。他们利用图形、图表、图解在不同的领域表述信息，使复杂的信息变得清晰明朗。②遵循"一切围绕着内容"的原则，优化信息结构，向读者表达信息内容，并帮助读者获得和掌握信息内容。③强化信息组织、标识、导航和搜索系统的设计，帮助用户成功地发现和管理信息，要求信息机构为用户提供清晰的易于信息获得的界面。④强调信息质量的衡量标准是信息清晰度和可理解程度，只要用户能准确定位信息，信息提供就是成功的。⑤加强 IA 教育，开展相关的职业培训，旨在培养信息设计师（Information Designer）或信息建筑师（Information Architects）。

信息构建的研究目的是："使信息可以被理解"和"按表达预定意图的方式传递信息"。信息构建的研究内容集中在三个方面，即信息体系各部分之间关系的系统体系结构；生产、传递和交换信息的技术体系结构；信息流及其管理的运行体系结构。信息构建突出信息的有序组织，强调用户对信息内容的方便访问与容易理解。从目前的情况来看，IA 的贡献主要表现在知识映射、认知检索、知识服务等方面。

五、信息可视化问题

信息可视化是近年来国际上提出的一个新课题。信息可视化要解决人们如何和信息资源之间进行"对话"的问题。信息可视化不仅用图像来显示多维的非空间数据，使用户加深对数据含义的理解，而且用形象直观的图像来指引检索过程，加快检索速度。海量的数据可以通过可视化变成形象，能激发人的形象思维，有助于从表面上看来是杂乱无章的海量数据中找出其中隐含的规律，为科学发现、工程开发、医疗诊断和业务决策等提供依据。

信息可视化的应用研究主要集中在一维信息至多维信息的可视化、时间序列信息可视化、层次信息可视化和网络信息可视化等方面，一些应用成果已经在数字图书馆、各种信息系统、大型数据库、数据仓库、文档界面和网络信息服务等领域中有所应用。

六、信息资源质量评估问题

信息资源评估的对象，不仅包括信息机构本身所拥有的各类型信息资源，还包括可存取的信息资源。评估方法也与传统文献资源有所不同。信息资源质量评估指标应包括：①信息资源结构体系的完备性。实体资源和虚拟资源的比例是否合理，是信息资源结构体系完备性的一项重要指标。这个比例并不是固定不变的，它因信息机构而异。信息资源结构体系的完备性还包括信息资源的学科结构、载体结构、等级结构、文种结构和时间结构的合理性，主要体现在不同载体、不同学科与不同存取方式的信息资源，能否在数量、质量和使用方式上相互补充，合理配置。既能突出特色，又能最大限度地满足用户需求。②信息资源的组织加工水平。信息资源的组织加工是信息机构的一项重要工作，组织加工的水平越高，信息资源的利用价值就越高。所以在评价信息资源质量时，应当考虑信息机构能否根据用户的特定需要，对各种信息资源进行深层次加工，形成类似"综述""述评""研究报告"之类的信息产品并提供给用户利用。③信息资源的易用性。影响信息资源易用性的因素很多，在实体资源方面包括：信息资源的布局是否合理，揭示是否准确，借阅手续是否繁琐，开放时间和借阅期限是否足够等。在虚拟资源方面包括：信息设备的数量和布局，网络开通的时间，免费还是收费以及收费的标准，是否有明确的指示和介绍，手续是否繁琐，网络的速度和设备的稳定性等。④信息资源的共享能力。信息资源的共享能力包括：际互借能力、对外合作能力和网络信息资源的获取能力。链接是否丰富，所链接的资源是否与主题、学科有关，是否定期检查网站链接信息的更新状况，能否通过常用的搜索引擎或资源指南找到，是否被其他站点选为链接对象，这些因素都会对信息资源共享产生一定的影响。⑤信息资源的利用率。信息资源的利用率是评估信息资源质量的一个重要指标。它不仅包括传统信息资源出借率、阅览人次等统计数量，还包括信息机构的主页被点击次数、网络数据库等虚拟资源的登录次数、下载数量、接受有关信息咨询的数量统计等。

七、信息资源使用成本问题

信息资源从开发到利用，历经生产、分配、交换、消耗四个环节，包含了一个价值转移和增值的过程。因此，考察信息资源成本可根据不同的环节划分为信息资源生产成本、服务成本和用户成本。生产成本是指信息开发机构为开发信息产品所消耗的人力、物力和财力；服务成本是信息产品的拥有者以及信息设备的拥有者向他人出售信息产品，提供信息咨询服务、提供信息交流条件所需要花费的费用；用户成本指信息消费者为了获取所需信息所花费的费用。这三种成本是信息价格确定的基础，也是评估信息效益的基础。

八、信息资源的整合与检索问题

信息导航是提供信息导航服务机构通过人工或自动的方式，将网上信息按一定的规则进行组织编排，置于某个特定的网络服务器主页上以方便人们查询的一种服务方式。信息智能导航技术在信息资源整合中具有智能选择信息源，自动定位目标信息位置，而不需要人工指向局域网或因特网地址，合理分配网络资源等作用；能提高检索的速度和效率，是电子信息资源揭示与整合的重要手段。

OPAC（Online Public Access Catalogues）即联机公共查询目录，是一种在因特网上对馆藏信息资源进行远程检索的工具。现在越来越多的图书馆已经开发了本馆的 OPAC 供用户通过网络来查询馆藏资源，而不用到图书馆里来翻阅卡片目录。OPAC 本身就是一种电子化、网络化的书目数据库，从实际操作层面上看，当前很多图书馆合作建设联机公共查询目录，这是实现电子资源整合的一个重要途径。书目数据库作为一个基本的参考源，已经超越了目录卡片的局限实现了电子化检索、网络化查询。联合建设 OPAC 是共享参考源的重要举措，这使得用户不仅超越了目录卡片，而且能够方便地跨馆检索，为开展馆际互借和文献传递服务提供了重要的基础保障。当前的 OPAC 系统发展趋势是：不断深化信息揭示的深度，从提供书目数据到链接全文；从书目信息到相关信息，包括书评、期刊目次；从实体馆藏到虚拟馆藏；从文本信息到视频、音频信息等。

文献自动标引和多语种自动识别在信息资源整合中具有分析检索条件和信息检索自动化的作用，用户在同一界面中完成检索任务，并使反馈给用户的信息较少漏检、误检和重检。

推送（Push）技术是一种新的信息服务技术，其核心是建立一个信息代理机制，由此先按用户的请求自动组织网上信息，再用推送和网播（Netcasting）的方式送到用户的桌面。用户利用推送技术可以避免在网上漫无目标的查寻。

九、发展信息服务业问题

信息服务业是以知识、信息为资源，以提供智力服务为特征的现代服务业，具有很强的渗透性和增值性，可渗透于第一、第二、第三产业的各个领域，使之有效地利用知识与信息资源。

广义的信息服务业包括信息咨询、信息传播、网络服务等众多领域，它们都是以信息资源的开发为基础，以信息资源的有效利用为目的。为此，我们必须确立信息资源开发和利用的核心地位，使信息服务业成为信息内容与信息利用紧密结合的中介，在信息内容的开发与利用方面下功夫。

发展信息服务业是现代社会中经济发展战略不可缺少的重要内容。综观 20 世纪世界各国经济发展历程，信息服务业已成为经济增长的亮点。在西方国家，信息服务业发展迅猛，潜力巨大。信息服务业的发展应沿着资源建设和传播的网络化、资源开发和利用社会化的战略目标推进。

十、网络信息保存问题

由于网络信息的动态性，我们正在失去网络上有价值的学术和文化资源。因此，对网络信息有选择地进行保存，就显得很有必要。从 1994 年开始，欧美已有 15 个国家开始网络信息保存的实验研究项目。这个项目应该研究的问题有：①探讨网络信息保存和其他载体保存的区别，提出网络信息保存的目标和范围。②网络信息保存对象的界定，保存的内容和方法，保存的责任主体问题。③数字资源的收集、保存和提供检索的经济和法律问题。④网上动态文献的呈缴制度问题。⑤网上存储图书馆（Networked Deposit Library）的构建问题。⑥数字信息长期保存的技术问题。⑦保存元数据、永久标识符及其在网络信息保存中的应用问题。⑧联合制定资源存取和长期保存的标准问题。

　　在印刷品世界，信息产品制造者或是版权所有者通常都会将保存的责任转交给图书馆或档案馆。在数字产品时代，这种分工被打破。在数字产品创造的初期就要考虑保护问题，即防止有价值信息消失的工作，涉及数字产品创作者、提供者和所有者的合作。在 IFLA/IPA 的联合声明中指出"出版者应该担负短期保存的责任，长期保存的责任由图书馆承担"。由于网络信息保存是一个新的研究课题，因此在当前阶段，提出问题比解决问题更为重要，综合上述对网络信息资源保存面临挑战的分析，现对网络信息资源保存提出以下建议：①建立分布式保存体系，由多个保存机构在合作的基础上共同进行网络信息资源的保存。要制定标准、使用元数据、确定优先级别，分配保存责任。②国家图书馆参与并领导网络信息保存。联合国教科文组织的《数字遗产保存指南》中指出："尽管数字保存必须在合作的基础上进行，但是必须有相应机构来进行领导"，"既然国家图书馆拥有法定权利去获得和保存该国出版的文化财产，那么国家图书馆在网络信息资源的长期保存中应该起领导作用"。③优化网络信息资源保存的政策法规环境。政策法规环境的优化主要应该在相关的法规中体现与网络信息资源保存相关的内容。在《图书馆法》中应该明确规定：赋予图书馆为保存的目的复制网络信息的权利，赋予图书馆为保存的目的修改网络信息格式的权利。④制定保存元数据标准。对于网络信息资源来说，由于 URL 地址的不稳定，不能以此作为共建共享的基础，需要唯一标识符技术。在唯一标识符技术还没有成熟之前，如何避免重复建设，就必须建立在对网络信息的元数据进行充分描述的基础上，因此应该颁布网络信息保存元数据的标准和细则。

参考文献

[1] 中共中央办公厅，国务院办公厅. 2006—2020 年国家信息化发展战略 [EB/OL].[2006-09-12]. http://www gov. cn/jrzg/2006-05/08/content_275560. htm.

[2] 孙建军，柯青. 论国家数字信息资源战略体系的构建 [J]. 中国图书馆学报，2007（5）：73-78.

[3] 索传军，赵梅亭. 数字馆藏质量管理系统研究 [J]. 中国图书馆学报，2007（5）：68-72，78.

[4] 韩芸. 信息资源产业及其在我国的发展策略 [J]. 中国图书馆学报，2006（6）：41-44.

[5] 刘辉. 信息资源配置方式的理论模式分析 [J]. 中国图书馆学报，2005（2）：68-70.

[6] 陈源蒸. 数字图书馆非图书馆 [J]. 大学图书馆学报，2005（4）：2-8.

[7] EVANS G E，SAPONARO M Z. Developing Library and Information Center Collections[M]. 3rd ed. Colorado：Library Unlimited，INC，2005.

[8] Electronic Resources Collection Development Policy[EB/OL]. [2006-11-09]. http://www.lib.utk.edu/~colldev/elrescd. html.

[9] National Digital Information Infrastructure and Preservation Program [EB/OL].[2006-09-02]. http://www.digitalpreservation. gov/ ndiipp.

[10] CHAIM Z. Models for classifying Internet resources[J]. Knowledge

Organization，2002，29（1）：20-28.

[11]袁海旺.虚拟图书馆的昨天、今天和明天[M].北京：华艺出版社，2002.

[12]程焕文，播燕桃.信息资源共享[M].北京：高等教育出版杜，2004.

[13]吴慰慈.图书馆学新探[M].北京：北京图书馆出版社，2007.

[14]初景利.复合图书馆建设目标与实施策略[J].图书情报工作，2005（11）：56-59，129.

[15]康微.网上图书馆导航体系评价[J].情报科学，2004（4）：495-498.

[16]周晓英.论信息集合的信息构建（IA）[J].情报学报，2004（4）：456-462.

[17]黄如花.网络信息组织的模式[J].中国图书馆学报，2004（1）：29-33.

[18]王军.基于分类法和主题词表的数字图书馆知识组织[J].中国图书馆学报，2004（3）：43-46，66.

[19]沙勇忠，任立肖.网络用户信息查寻行为研究述评[J].图书情报工作，2005（1）：134-138，117.

[20]王火青.个性化定制服务：图书馆信息服务的创新[J].图书馆论坛，2004（1）：110-112.

[21]黄晨.资源整合模式及其实现研究[J].大学图书馆学报，2004（1）：25-28.

[22]马张华.论自动标引的实际应用[J].图书情报工作，2003（2）：48-51.

[23] 李书宁. 网络信息检索工具的现状与发展趋势 [J]. 科技情报开发与经济，2004（5）：1-2.

[24] 孙瑾. 网络信息资源评价研究综述 [J]. 大学图书馆学报，2005（1）：7-13.

[25] GRASSIAN E. Thinking critically about world wide resource[EB/OL]. [2006-10-01]. http:// www.library.ucla.edu/libraries/college/help/critical/.

[26] How to Critically Analyze Information Sources，Cornell University Library[EB/OL]. [2006-10-01]. http://www. library.cornell.edu/olinuris/ref/research/skill26.htm.

[27] BEALL J. 10 ways to improve data quality[J]. American Libraries，2005（3）.

[28] 苏瑞竹. 联机公共检索目录（OPAC）的现状及发展趋势 [J]. 情报科学，2000（1）：91-95.

[29] 崔宇红，刘涛. 图书馆数字资源与 OPAC 系统的整合 [J]. 图书馆杂志，2003（1）：55-56.

[30] 张忠友. 检索系统的演进：从 OPAC 到 IPAC[J]. 中国信息导报，2001（5）：56-57.

[31] 陈传夫，姚维保. 我国信息资源公共获取的差距、障碍与政府策略建议 [J]. 图书馆论坛，2004（6）：54-57.

[32] 孟连生，惠瑶. 中国数字参考咨询发展概述 [J]. 图书馆理论与实践，2006（1）：1-4.

[33] 张晓林，宛玲. CSDL 外购数字文献资源的长期保存策略 [J]. 大学图书馆学报，2004（6）：26-32.

[34] 赵俊玲. 国外关于网络信息资源保存的研究 [J]. 中国图书馆学报，

2004（3）：82-85.

　　[35] 张晓林.元数据研究与应用 [M].北京：北京图书馆出版社，2002.

　　[36] 冯项云.国外常用元数据标准比较研究 [EB/OL].[2006-02-23].
http://www.idI.pku.edu.cn/pdf/metadata2.pdf.

网上资源自由存取与图书馆服务 [①]

网上资源自由存取有广义和狭义两种理解，它既是一种理性的权利也是一种理性的活动。尽管技术、民主、利益和全球化四条主线并不能完全概括网上信息自由存取所面临的困难或问题产生的原因，但是笔者将之作为一种分析问题的视角提出来供大家探讨。最后，结合国内外实际情况对我国图书馆服务响应提出一些建议。

网上资源自由存取是个比较新的提法。我们常见的"知识自由""图书馆权利""网上免费资源获取""公共获取""政府信息公开""开放存取""数字鸿沟""非营利版权"（Copyleft）和"合理使用"等概念都与之有相重合的部分，但又有不同的内涵和外延。

一、网上资源自由存取的理论与实践

（一）开放存取与自由存取

1. 开放存取（Open Access，OA）

开放存取是一个不断演进的概念。在古代欧洲，有把图

① 与谷秀洁合作，原文发表于《图书馆工作与研究》2007年第4期。

书用铁链锁起来的做法。相比而言，给书籍"松绑"已经开放多了：20世纪初，开放存取主要指开架阅览；20世纪80年代末表示计算机整合软件；20世纪90年代末指在学术自由在线运动（Free Online Scholarship Movements）基础上发展起来的OA出版模式和学术信息交流模式；近年来，OA的概念逐渐泛化，指各种开放内容、共享资源的信息交流形式。

吴建中认为，开放存取有两层意思：一层意思是指通过开架借阅、开放资源等手段向读者提供获取信息的便利；另一层意思是指信息自由，即信息资源是公共财产，应该向所有的人公开，而不应该人为地造成信息贫困和信息富有[1]。

目前国内外普遍认同的狭义的"开放存取"是由《布达佩斯开放存取宣言》（Budapest Open Access Initiative）、《百斯达开放存取出版宣言》（Bethesda Statement on Open Access Publishing）和《关于自然科学与人文科学资源的开放使用的柏林宣言》（Berlin Declaration on Open Access to Knowledge in the Sciences and Humanities）组成的学术信息交流模式。其中，被广泛引用的《布达佩斯开放存取宣言》对"开放存取"的定义是：对于某些文献的"开放存取"意味着可以通过互联网免费获得，并允许任何用户阅读、下载、复制、传播、打印、搜索或者链接文献全文，或者进行爬梳，建立索引，或者用作软件的导入数据以及其他合法的用途。除非是无法使用互联网，否则，用户在使用该文献时不应受到财力、法律或者技术的限制。对文献进行复制和传播的唯一要求（即版权在该领域的唯一作用）是给予作者控制其作品完整性和注明作者及出处的权利[2]。

2. 自由存取（Free Access）

国际图联（国际图书馆协会与机构联合会，简称国际国联，即IFLA）认为，自由获取和表达信息是人类的基本权利。其强调图书馆在促进信息自由方面的作用；提倡信息的无障碍获取，反对任何形式的审查；图书馆应从专业角度获取、保存和提供反映社会广泛性和多样性的信息，将信息平等地提供给用户使用，并保护用户隐私[3]。人人享有持有和发表意见的自由。此项权利包括持有意见而不受干涉的自由，以及通过任何媒介和国界去寻找、接收和传递消息和思想的自由[4]。图书馆和信息服务机构应支持所有人的终身学习。文献收藏要考虑社会文化的多样性及我们生存环境的丰富性，联结发展中国家和发达国家的网络，促进社会的可持续发展[5]。

罗尔斯（John Rawls）在两个正义的原则中指出，首先，每个人对于一种平等的基本自由体制都拥有相同的不可剥夺的权利，而这种体制与适用于所有人的自由体制是相容的。也就是说，每个人都有相同的自由，并与他人的自由相容。其次，社会公平是指社会成员机会平等，并且有利于社会上最弱势成员的最大利益[6]①。除了理论上对自由权利的理性限制外，在实践中，美国图书馆协会为保护儿童身心健康，对色情内容的传播也做了一定的规定[7]。

总之，结合"开放存取"和"自由存取"的共性与核心

---

① 译文较长,略有改动。

理念，笔者将"自由存取"理解为既是一种理性的权利也是一种理性的活动。理性的权利是指对网上资源自由存取是一项基本的人权和民主权利，这种权利是平衡的、理智的、相互包容的，而不是绝对的自由。理性的活动是指不论是自由地"存"（表达见解，上传资料，保存、整理、组织、揭示资源等）还是自由地"取"（挖掘、搜索、获取、下载、传播、复制资源等），都应该是健康的、符合道德伦理规范的。尤其是 Web 2.0 技术的应用使"全民上网"变成了"全民织网"，因而强调自由存取应该是以基本社会伦理为底线的一种活动。狭义的"自由存取"仅指对于网上资源（信息内容）的存取；广义的"自由存取"既包含链接、开放、免费、共享和普遍服务等"自由"权利、对于网络（上网条件）的获取，也包括对于信息内容的存取。自由存取有自由获取和自由表达两层意思。

（二）自由存取的实践活动

国际图联信息自由委员会（Committee of Free Access to Information and Freedom of Expression，IFLA/FAIFE）是国际图联的一个专业分会，1998 年成立于丹麦的哥本哈根。IFLA/FAIFE 以捍卫和促进联合国《世界人权宣言》（1948）第 19 条为己任，致力于从事与图书馆和图书馆员直接或者间接相关的各种信息自由活动。它主张"思想自由是每个人持有和表达观点的自由"，"思想自由是基本的民主"，"思想自由是图书馆的核心价值观"[8]。它起草了《图书馆与思想自由宣言》（1999），积极推动各国图书馆员职业伦理建设和其他活动。IFLA/FAIFE 近年的实践活动如下：

表 1　IFLA/FAIFE 部分年度和主题报告

时间	主题	内容
2001	总结	讨论了成立 4 年来的工作和 46 个国家思想自由现状
2002	图书馆、冲突与互联网	讨论了全球互联网获取的障碍、互联网是 21 世纪的信息工具、图书馆与冲突、亚历山大数据库以及思想自由问题
2003	信息社会的思想自由	88 个国家参加了问卷调查，讨论了数字鸿沟、信息过滤和屏蔽、用户隐私、经济障碍、思想自由和职业伦理问题
2004	（主题报告）	图书馆怎样促进修养和终身学习
2005	（未公布）	数据征集的主题是"反恐立法和图书馆""妇女和信息自由"以及"图书馆与艾滋病知情权"
2006	谁的互联网	（与芬兰合办）讨论互联网上的冒犯和不良内容，以及关注小语种和文化的图书馆如何帮助用户利用互联网
2006	图书馆反对艾滋病、贫穷和腐败	信息是预防艾滋病传播的疫苗；文化修养是提高生活水平的基础；信息透明和公共获取是抑制腐败的良方

资料来源：

IFLA/FAIFE. The World Report Series[EB/OL].[2007-01-02]. http://www.ifla.org/faife/report/intro.htm.

IFLA/FAIFE.Launch of the IFLA/FAIFE Theme Report 2004[EB/OL].[2007-01-02]. http://www.ifla.org/faife/report/FAIFE-report2004.htm.

其他非营利组织、国家机构和国际组织，如联合国教科文组织、开放社会研究所（Open Society Institution）、电子前沿基金会以及一些大学和科研机构都积极发起和参与网上资源的开放存取、公共获取、自由软件和创作共享等活动。这方面文章很多，本文不再赘述。

二、影响网上资源自由获取的因素分析

（一）技术主线

密尔斯（Miles Ian）认为，具有高度"渗透性"（pervasive）的信息技术会对社会经济产生"长波"（long waves）般的影响，并且描绘了技术、技术与经济、技术与社会三重相互交织的模型：处于核心位置的是微观生产组织，它通过选择创新技术，了解需求信息，运用基础设施组织生产并向社会提供消费品来实现经济收益；中间层是技术与经济层：从组织目标出发，经过战略选择和研发过程，结合能源、信息、材料、设备和劳动力的价格因素确定产品售价和工资水平，进行社会收入分配；最外层是技术与社会层：家庭向中间层提供劳动力，社会基础设施福利体系和社区组织与政策机构之间交流信息，通过二次分配影响家庭收入和信息产品的消费[9]。

20多年来，IT技术对社会影响的复杂程度已经很难再用模型展现出来，但是密尔斯的模型仍然值得借鉴。（1）具

有高度"渗透性"的互联网已经深刻影响并反映着社会生活；
（2）网络资源丰富快捷受到大众的喜爱，目前全球网站总数
已超过1亿[10]；（3）知识经济时代，智力成本影响收入分配；
（4）社会体系要对社会公平进行救济；（5）网络将信息分为
"网上"和"网下"资源的同时，也将人群划分为"网民"和
"非网民"，网络信息的"富人"和"穷人"；（6）网络技术
的发展也增加了信息拥有者对网上资源的控制力。因此，能
不能上网和能不能跨越技术壁垒是自由存取信息成为技术主
线反映的两个主要问题。

（二）市民社会与知情权

无论是洛克主张的"市民社会优于国家"，还是黑格尔强
调的"国家高于市民社会"[11]，至少有一点可以肯定：市民
社会已经成为自下而上影响国家行政的重要力量。其中，知
情权就是民众对"透明"政府信息公开的诉求。信息公开不
仅包括政务信息，还包括与公众生活、健康、生计和教育相
关的市场信息、环境信息、食品药品安全信息、疫情和流行
病信息、灾害和突发事件信息等。此外，信息公开也包括公
共基金支持的科研成果的公开。已有一些国家以立法形式确
立了科研成果的公共获取制度。

在政务信息资源建设方面，1999年1月我国政府上网工
程正式启动。2002年，广州市率先公布《广州市政府信息公
开规定》，以公开为原则，不公开为例外。2005年国内县级
以上政府门户网站拥有率达到73.5%[12]。2006年1月中央政

府门户网站正式开通。《中国电子政务研究报告（2006）》显示，部分城市电子政务发展水平已经迅速提高，如舟山市434项行政许可项目中358项可以在线办理[13]，反映了未来电子政务和图书馆社区网络"以民为本"的发展趋势。

（三）利益主线

1. 私人拥有的信息

私人拥有的信息（简称私人信息）是指作者或权利持有者依法享有的、受法律保护的、限制他人利用的信息。私人信息受版权和邻接权的保护，享有经济和精神权利。出于国家安全、保密或者个人隐私考虑的信息也可以得到法律和规章的保护[14]。私人信息代表私人利益，1709年就开始受到版权制度的保护。1886年的《保护文学和艺术作品伯尔尼公约》标志着版权制度"从作者权利走向世界权利"。1995年TRIPS（Agreement on Trade-Related Aspects of Intellectual Property）生效后的版权问题大多与数字资源的利用相关[15]。例如，缓存复制、网络传播、数据库版权和权力识别等问题。

2. 公共领域的信息

"公共领域的信息（Public Domain Information，PDI）是指公众能够普遍获取的信息，使用这种信息不违反任何法律或者任何保密义务。公共领域的信息一方面指任何人不经授权就可以开发的全部作品或者具有相关权利的客体，例如，国内法或国际法不保护的，或者超过保护期的；另一方面指政府或者国际组织创建并自愿公开的公共数据或官方信息"[14]。1999 年 11 月 30 日，联合国教科文组织松浦晃一郎（Koichiro Matsuura）署长在主题为"互联网与新服务"世界规制峰会开幕式上强调，公共领域的信息是全球共同财富的基本要素，必须要促进和保护[16]。

3. 公私利益的平衡

许多法学家认为"公与私"就像"阴和阳"一样是对立的，而哲学家曼德维尔（Mandeville）则认为私人的"恶德"是公众利益的基础[17]。罗尔斯在分配的正义（差别原则）中描述的两种群体的合作生产（图 1）对理解公私利益的平衡很有帮助。如果我们把"最不利者群体"（纵轴）看成拥有 20% 社会财富、占 80% 人口的社会公众，而把"最有利者群体"（横轴）看成拥有 80% 社会财富、占 20% 人口的私人信息拥有者，那么在社会产品分享的份额（OP 曲线）中，在最接近平等的正义点 D 时，双方的利益最大化。N 点表示功利的生产达到最大化，B 点表示个人功利达到最大化。虚线是平等——正义线。由此可见，给予公众的自由越多，即社会的平等正义水平越高，越有利于全体社会成员的共同利益。这个理论同样适用于理解知识产权合理使用和法定许可的社会价值。

因此，平衡私人利益与公共利益是网上信息自由存取的核心。自由软件和开放源代码运动、创作共享协议（Creative Commons，CC）、开放存取学术出版（OA）等活动都与之紧密相关。

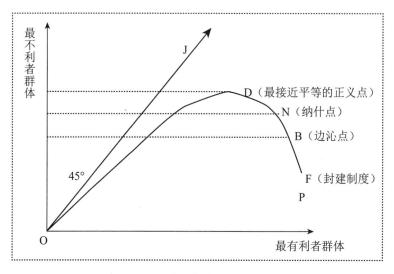

图 1　两种群体的生产合作图

资料来源：

　　罗尔斯.作为公平的正义：正义新论[M].上海：上海三联书店，2002：100.

4. 全球化主线

　　全球化始于跨国贸易，明确的理论形成于 20 世纪 60 年代。互联网的发展促进了"地球村"的形成。霍尔顿认为，全球化是某种多个中心和发源地向外运动，跨越边境和边界的长期的传播进程[18]。赫尔德认为全球化对国家主权的挑战来自以跨国公司和资本市场为代表的全球经济、超国家机构、国际法和实力集团[19]。罗兰·罗伯森的关系模型在个人、群体与国家的三元结构之外增加了全球化形成的"世界社会体系"，详见图 2。在这个模型中，"自我"（个人）直接和间接地受到来自"世界社会体系"的影响。全球化在图书馆学情报学领域的表现为网络资源的全球共享、元数据标准化和国际化、越境数据流以及网站服务评价与国际接轨等。

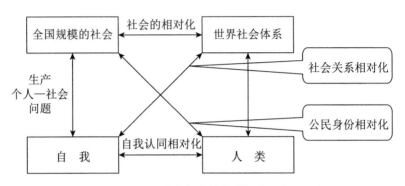

图2　罗兰·罗伯森提出的全球领域图（1992）

资料来源：

霍尔顿.全球化与民族国家[M].倪峰，译.北京：世界知识出版社，2006：193.

尽管技术、民主、利益和全球化四条主线并不能完全概括网上信息自由存取所面临的困难及其成因，但是笔者将之作为一种分析问题的视角提出来供大家探讨。四条主线以及其他因素相互影响，各种利益集团相互博弈，最终表现为复杂多样的社会现实。因此，一方面图书馆界要以公共利益代言人的形象，本着思想自由的核心理念积极参与研究和解决获取技术、条件和利益平衡等社会现实问题；另一方面也应当清楚地认识到解决这些复杂问题绝非图书馆界凭一己之力所能完成的，要通过联盟、合作和对话等方式促进信息自由存取，最终实现普遍服务和社会成员机会平等的目标，实现有利于信息拥有者和信息获取者利益最大化的社会公平。

三、图书馆网上资源服务响应

（一）网络时代的用户认知

2005 年，OCLC（Online Computer Library Center，联机计算机图书馆中心）推出的《对图书馆与信息资源的认知：给 OCLC 成员的报告》显示：（1）用户喜欢图书馆的传统资源、上网条件和学习空间；（2）除大学生外，大多数信息用户没能很好地利用图书馆提供的电子资源；（3）图书馆不再是信息用户的首要或唯一选择，搜索引擎是用户最喜欢的检索工具；（4）网络资源日益增长；（5）人们普遍使用互联网而不是图书馆来获取电子信息；（6）信息用户认为信息应当免费；（7）用户普遍喜欢自助服务[20]。而在科学信息利用方面，约翰·B.贺瑞根（John B. Horrigan）的研究报告《作为科学新闻和信息来源的互联网》发现：（1）4000 万美国人以互联网作为科学新闻和信息的首要来源；（2）互联网是人们遇到特殊的科学话题时首先想到的信息源，是 87% 的在线用户（即 1.28 亿成年人）的学习工具；（3）搜索引擎是开始科学研究的首选工具；等等[21]。

从国内情况看，互联网用户的总量大、相对量小，对网络资源（含图书馆电子资源）的认知度低。中国互联网络信

息中心（China Internet Network Information Center，CNNIC）
《第 18 次中国互联网络发展状况调查统计报告》显示，截至
2006 年 6 月 30 日，国内网民达到 1.23 亿，上网计算机总数
为 5450 万台。互联网渗透率平均为 9.4%，其中城市为 18%，
农村为 3%，相差 6 倍。68.4% 的非网民不上网的主要原因是
不懂电脑 / 网络（技能不足）和不具备上网条件（设施不足）。
如果按全国 12 亿非网民概算，这部分数字就是 8.2 亿人口。
网民中，男性仍占多数（58.8%），18—24 岁的网民数量高
居榜首（38.9%），文化程度为本科以下的仍占网民的大多数，
学生比其他职业的人要多。网民上网的主要地点是家里和工
作单位，选择公共场所上网的仅有 0.5%。网民经常使用的网
络服务是新闻浏览、搜索引擎和电子邮件，教育学习类资源
使用率不高 [22]。

（二）图书馆服务响应

报告反映的国内外用户对互联网及其资源的认知以及实
际利用情况的确向图书馆服务提出了挑战。但是，如果只看
到用户偏爱互联网和搜索引擎就得出消极悲观的结论也是很
片面的，图书馆有自己的优势和发展空间。

1. 提供接入条件，实现普遍服务

前面提到自由存取的第一道屏障是技术条件。OCLC 报
告也指出用户喜欢图书馆的上网条件和学习空间。尽管目前
国内图书馆提供互联网接入服务存在很大的地区差异，但是
机遇也是有的。首先，我们有至少 8.2 亿的潜在用户。其次，

《国家"十一五"时期文化发展规划纲要》指出:(1)完善公共文化服务网络;(2)加强农村文化建设;(3)普及文化知识;(4)建立健全文化援助机制;(5)鼓励社会力量捐资和兴办公益性文化事业[23]。因此,图书馆要会"借东风"。最后,图书馆上网不仅要"接入"更要"服务":一方面要加强用户辅导,针对老人、儿童、残障人士、下岗人员和进城务工人员开展形式多样的技能辅导。这些看似简单的服务,实际上既为他们打开了一个崭新的世界,也为图书馆留住了忠诚的"顾客"。另一方面,图书馆网站的用户界面也要考虑普遍服务的需求。例如,多媒体资源的建设、多语种的版面以及兼容较低版本软件的操作平台和文件格式。

2. 开发利用公共领域的信息资源

公共领域的信息资源可以分为学术型资源和非学术型资源。学术型资源包括科学数据和科学新闻、科研成果、专利或产品说明以及高等教育教学课件等。开放存取、公共获取和创作共享等活动为学术交流打开了一条新途径,也为公共领域积累了人类智慧财富。在学术型资源的开发利用方面,要注意:(1)参与国内外合作,走联合建设的道路;(2)促进中文预印本和印后本文库建设;(3)"授人以渔",积极推介获取公共信息的途径、方法和伦理规范,鼓励用户自存档,共享研究成果。

非学术型资源一般以百姓生活为指针。为避免与电子政务重复建设,图书馆开发公共领域的信息资源要扬长避短。从欧盟信息社会调查结果看,教育和培训项目最受欢迎,占全部项目的一半[24]。从我国实际情况看，一方面教育支出成为百姓最大的生活负担之一；另一方面，18—24岁的"主力"网民恰恰是最需要学习和"充电"以应对目前严峻就业压力的社会群体。因此，公共图书馆应该考虑有计划地共建共享教育和培训资源，注意吸引和引导这部分网民。当然，大众健康信息和与百姓生计相关的信息也可以因地制宜地逐步开发。这里要说明的一点是网站建设得好坏"不再是GDP决定论"，而是看建设和维护者是否能够真心为用户着想，提供资源与服务。例如，在近期举办的《中国电子政务研究报告（2006）》新闻发布会上，焦作市和舟山市的代表都认为他们领先的秘诀是"预见到了以百姓为中心的电子政务发展方向"，这一点对我们是很有启发的。

3. 揭示与推广馆藏资源

馆藏资源包括数字和非数字资源以及揭示拥有的和可获取的资源。揭示与推广馆藏资源的目的不只是编制馆藏目录和联合目录，也是更快更方便地提供利用。以OCLC为例，2005年它还在通过与雅虎（Yahoo）等搜索引擎的合作来给读者指引就近的馆藏资源。2006年8月，OCLC就通过WorldCat.org直接提供能够指引到全部单件（Item）的服务，并且用图形将各类载体形象化，非常简单直观。最具特色的是其免费提供的小插件"WorldCat"桌面搜索框，用户可以自行下载并安装。搜索框与主页相连，可以显示在任何商用或通用界面上。用户只需输入简单的题名、主题或者人名就可以链接到数据库而不必专门登录主页或搜索引擎[25]。目前，谷歌（Google）和网易等搜索引擎也提供这种桌面搜索框。

4. 两种类型三级体制

从国内图书馆 IT 应用情况看，图书馆网络信息服务还任重道远。2004 年，国内只有 6% 的图书馆进入了数字化阶段，18% 的图书馆实现了图书馆业务集成，76% 的图书馆配置了计算机相关设备，但只是应用于图书馆部分业务（如编目）[26]。因此，笔者认为，国内图书馆网上资源服务可以分为两种类型和三个层次。两种类型是指学术型图书馆和非学术型图书馆应各有侧重：学术型图书馆侧重狭义的网上资源自由存取，即与学术资源的搜索、挖掘、描述、评价、组织、可视化、存储和导航相关的技术、服务、合作和政策立法工作；而非学术型图书馆重点应当是广义的网上资源自由存取，包括提供上网条件、用户信息素质教育、少年儿童上网指导、多元文化服务、政府信息服务、建立以公民为中心的社区网络、资源共享以及网络导航等。二者之间是共享、互补与合作的关系。三个层次指的是根据图书馆 IT 应用水平和用户类型分别确定高、中、低三级发展策略。数字化阶段的学术型图书馆重点开展学科资源建设。例如，挖掘整理"隐性"网络资源，参与建设开放存取资源和机构库，建立和推广虚拟参考咨询，提供远程教育资源。数字化阶段的非学术型图书馆应以大众生活为中心组织网络资源，成为政府信息的开放窗口，地方文化和多元文化的互动平台，儿童和青少年网络学习的基地，继续教育和终身学习的课堂。高等层次的图书馆要尽可能地开放资源，为中低层次的图书馆提供智力和物力支持。中等层次的图书馆可根据人力物力条件参与或支持高级层次图书馆的资源建设和服务，成为本地区的信息枢纽和中心。数量众多的低等层次图书馆可以根据实际情况开展互联网和资源接入服务，建设社区网络窗口，开展用户教育，尤其要关注对青少年用户的网络引导。

结语：网络之外

图书馆历来被视为社会的记忆装置。在数字存储技术和管理机制尚不稳定的情况下，在今后相当长的一段时间内，图书馆提供原始文献服务这一基本职能是不会改变的。所以在网络之外也要重视非数字资源馆藏建设，并把它作为图书馆信息资源建设的重要基础和整个信息资源建设的一个重要方面。

参考文献：

[1] 吴建中. 21 世纪图书馆新论 [M]. 上海：上海科学技术文献出版社，1998：14.

[2] SUBER P. Open Access Overview[EB/OL].[2007-01-02]. http://www.earlham.edu/~peters/fos/o-verview.htm.

[3] IFLA. 图书馆和信息服务机构及信息自由的格拉斯哥宣言 [EB/OL].[2007-01-02]. http://www.ifla.org/faife/policy/iflastat/gldeclar-cn.pdf.

[4] IFLA. 国际图书馆员协会和图书馆联合会因特网宣言 [EB/OL].[2007-01-02] http://www.ifla.org/III/misc/i m-cn.pdf.

[5] IFLA.Statement on Libraries and Sustainable Development[EB/OL]. [2007-01-02] http://www.ifla.org/III/eb/sust-dev02.html.

[6] 罗尔斯. 作为公平的正义：正义新论 [M]. 姚大志，译. 上海：上海三联书店，2002：43.

[7] ALA.Guidelines and Considerations for Developing a Public library Internet use policy[EB/OL].[2006-12-16]. http://www.ala.org/ala/oif/challengesupport/dealing/internetuse-policy.pdf.

[8] IFLA Committee on Free Access to Information and Freedom of Expression[EB/OL]. [2007-01-02]. http://www.ifla.org/faife/index.htm.

[9] DUFF A.Information Society Studies[M]. New York：Routledge，2000：117.

[10] 陈立希. 全球网站数突破 1 亿大关 [EB/OL]. [2007-01-02]. http://news.sina.com.cn/w/2006-11-03/151910406975s.shtml.

[11] 邓正来. 市民社会理论的研究 [M]. 北京：中国政法大学出版社，2002：50.

[12] 王长胜. 中国电子政务发展报告（3）[M]. 北京：社会科学文献出版社，2006：97.

[13] 张维迎. 中国电子政务研究报告（2006 年）[M]. 北京：北京大学出版社，2006：180.

[14] UHLIR P F. Policy Guidelines for the Development and Promotion of Governmental Public Domain Information[EB/OL].[2006-12-16]. http://portal.unesco.org/ci/en/ev.php-URL_ID=15862&URL_DO=DO_TOPIC&URL_SEC-TION=201.html.

[15] 陈传夫. 国家信息化与知识产权：后 TRIPS 时期国际版权制度研

究 [M]. 武汉：湖北人民出版社，2002：78-81.

[16] MOLHOLM K N.Comprehensive Assessment of U.S. Public Information Dissemination[EB/OL]. [2007-01-02]. http://www.nclis.gov/govt/assess/assess.html.

[17] 曼德维尔. 蜜蜂的寓言：私人的恶德，公众的利益 [M]. 肖聿，译. 北京：中国社会科学出版社，2002：9.

[18] 霍尔顿. 全球化与民族国家[M]. 倪峰，译. 北京：世界知识出版社，2006：50.

[19] 霍尔顿. 全球化与民族国家[M]. 倪峰，译. 北京：世界知识出版社，2006：107.

[20] OCLC.Perceptions of Libraries and Information Resources：A Report to the OCLC Membership：Conclusion[EB/OL].[2007-01-02]. http://www.oclc.org/reports/pdfs/percept_concl.pdf.

[21] HORRIGAN J B.The Internet as a Resource for News and Information about Science[EB/OL]. [2007-01-02]. http://www.pewinternet.org/pdfs/PIP_Exploratorium_Science.pdf.

[22] 中国互联网络信息中心. 中国互联网络发展状况统计报告 [EB/OL]. [2007-01-02]. http://www.cnnic.net.cn/uploadfiles/doc/2006/7/19/103601.doc.

[23] 国家"十一五"时期文化发展规划纲要（全文）[EB/OL]. [2007-01-02]. http://culture.people.com.cn/GB/22226/71018/4814170.html.

[24] 郑海燕. 欧洲联盟信息政策研究 [M]. 北京：北京图书馆出版社，2004：47.

[25] New destination website that allows people inside and outside the library environment to discover and use the resources of WorldCat libraries[EB/

OL].［2007-01-02］. http://www.oclc.orgworldcat/dotorg/default.htm.

　　［26］图书馆信息化建设综合研究报告：2004［EB/OL].［2006-12-18］.
http://txzxs.cnii.com.cn/20030527/ca262582.htm.

使命与担当

筚路蓝缕　泽被后世 ①

——王重民先生对我国图书馆学和目录学教育的重要贡献

王重民（1903—1975），字有三，是一位在众多学科领域均有所建树的大师级学者，他精通图书、目录、版本之学，兼及敦煌学和方志学，为推动古典文献学和目录学研究、弘扬中国传统文化做出了突出贡献，尤其在我国现代图书馆学、目录学研究及教育的开拓方面，用力甚勤，成就斐然。

一、艰辛开拓，创办北京大学图书馆学专业

近现代图书馆的出现和发展，对培养适应新型图书馆业务工作的专业人才提出迫切需求，需要由正式的教育机构特别是高校承担这一职责，因而图书馆学专业教育应运而生，但这个过程不是一蹴而就的，而是经历了办学体系由零散到系统、教学内容由关注职业技能培训到注重全面发展的演进过程。

---

① 与董焱合作,原文发表于《中国图书馆学报》2023年第5期。

我国现代图书馆学教育肇始于韦棣华 1920 年创办的武昌文华大学图书科，后经教育行政部门批准立案，成立私立武昌文华图书馆学专科学校，即武汉大学图书馆学系的前身[1]。

1924 年秋，北京大学在教育系开设"图书学科目"，包括图书馆利用法、图书馆学、目录学和图书馆史四门课程，皆由袁同礼主讲[2]，一直到 30 年代初期仍在开设。1937 年春天，严文郁在北京大学文学院开设图书馆学选科，并有实地参观图书馆的教学内容[3]。这两个北京大学早期的图书馆学教育项目存在时间不长，现在也较少为人所提及。

20 世纪 20 年代至 40 年代末，国内还有上海国民大学、金陵大学、苏州国立社会教育学院等高校举办过不同学制、不同层次的图书馆学教育，但存续时间大多较短[4]。我国早期图书馆学教育的出现和发展，与民国时期教育事业和图书馆事业的发展密不可分，但这一时期，图书馆学教育机构数量较少，又因受到政治局势和战争的影响，政府支持不足，因而举步维艰。

1947 年，王重民结束了自 1934 年开始的在欧美五国搜集整理我国流散海外珍贵典籍的工作，谢绝普林斯顿大学图书馆的高薪聘请，回到国内。王重民长期从事图书馆管理及目录版本工作，特别是多年在欧美各大图书馆的工作经历，引发其对图书馆事业发展的思考，痛感我国训练有素的图书馆学人才之匮乏，因而，未归国之前，即已计划创办一个图书馆学专科。1946 年，他向时任北京大学校长胡适致信，建议于次年暑假开班，办学的理想是"造就高深人才"，以响应胡适"争取学术上独立十年计划"的口号[5]。这同当时其他图书馆教育机构更加重视职业化人才培养的办学方针是有所区别的。

1947 年，王重民回国当年，在其倡导下，北京大学图书馆学专科正式建立（时称图书馆学专修科），学制两年[6]。北京大学图书馆学专科的开办，意义重大，影响深远，使得我国南北方均有了图书馆学的正规教育。

办学之初，图书馆学专科附设在文学院，附属于北京大学中文系，招收对象主要为中国语文学系、西方语文学系、史学系的学生。课程主要有中、西目录学，中文、西文编目法，图书馆学概论和版本、校勘方面的课程。1949 年 7 月，图书馆学专科从中文系独立出来，面向高中毕业生公开招生。1951 年，图书馆学专科更名为图书馆学系，学制四年[7]。

1952 年，全国高校大规模院系调整，北京大学图书馆学系改名为图书馆学专科，学制亦改为三年。1952 年、1954 年、1955 年曾先后办了两年、三年学制的专科。1956 年，根据教育部文件，正式改名为北京大学图书馆学系，学制四年。武汉大学图书馆学系也于当年改为四年制本科，北京大学、武汉大学图书馆学系成为当时全国仅有的两个图书馆学本科教育办学点[8]，且这种状况一直延续到 1978 年。

除图书馆学正规教育外，王重民还积极响应党中央和政府的号召，组织开办在职图书馆员培训活动，培养图书馆事业发展急需的专业人才，以弥补图书馆学正规专业教育之不足。其中包括 1956 年北京大学图书馆学系创办的图书馆学函授班，以及 1957 年 5 月文化部社管局及北京大学、武汉大学图书馆学系联合在南京举办的第一届全国省、市图书馆工作人员进修班 [9] 等。

1964 年，王重民和刘国钧首招硕士研究生 [10]，其中，王重民的研究生培养方向为"中国目录学史"，他招收了唯一的研究生鲍世钧。

王重民号"有三"，代表着他毕生的三大志愿：其一，在中国大学创办图书馆学专业；其二，开办图书馆学函授班；其三，有图书馆学的研究生。这三个志愿是他一生的追求，在他生前这三个志愿都实现了 [11]。

王重民亲历和见证了图书馆学系从无到有，从附属专修科到独立专修科，从专修科到招收本科生、研究生的系建制过程，是北京大学图书馆学系成为新中国图书馆学人才培养重镇的重要奠基者。

二、求真务实，造就图书馆学专业品格

作为北京大学图书馆学系的创始人和首任系主任，在图书馆学系的创建和发展过程中，王重民做了大量繁重的组织筹划工作，包括制订专业发展规划、设计教学计划和课程体系、延请校内外师资、开展教学研讨等，并亲自讲授大量专业课程，对北京大学图书馆学系的发展产生了深远的影响。

1. 牵头做好学科专业总体设计与发展规划

在图书馆学专科初创阶段，王重民牵头对专业人才培养

目标、课程设置等进行探索。

王重民最初设想图书馆学专科培养的应该是图书馆管理和文献学、目录学、版本学及整理中国文献遗产方面的高深人才，而不只是一般的图书馆业务管理人员，他们不应该仅仅能管理文献，还应该能研究文献[12]，学业管理则采用美国式的选科制和学分制。

中华人民共和国的成立，使王重民感觉得到了新生。与大多数经历了新旧两个时代的知识分子一样，王重民真诚地拥护新生的共和国政权，用马克思主义的立场和方法改造自己的世界观和方法论；在学术研究上，他接受并使用、贯彻辩证唯物主义和历史唯物主义的观点和原则来指导科学研究，改革图书馆及图书馆学教育中种种旧的不良措施，更有效地建设新中国的图书馆事业[13]。

王重民成立科务委员会，加强对全科的领导，设立教研室并制定工作计划，设计讲授方法，组织编写教材，检查教学进度及助教、讲师的进修工作[14]。

1956 年，中国科学院哲学社会科学学部会同国家有关哲学社会科学研究部门共同拟定《1956—1967 哲学社会科学规划草案（初稿）》，涵盖 15 个学科。王重民作为召集人，负责主持制定图书馆学部分[15]。该部分提出图书馆学需要研究的 5 个重要问题，包括：①图书馆学、目录学的理论；②中国图书史、图书馆学史、图书馆事业史和目录学史；③新中国成立以后的图书馆工作经验；④图书馆的科学工作方法；⑤世界各国特别是亚洲各国的图书、图书馆及目录的历史和现状。需要完成的重要著作包括《图书馆藏书与目录教科书》《图书馆学教科书》《普通目录学教科书》等 19 种[16]。

1958 年 3 月,《1956—1967 哲学社会科学规划纲要(修正草案)》由国务院科学规划委员会第五次会议原则通过。尽管由于各种因素影响了该规划落实与执行的效果,但这是图书馆学首次以独立学科被纳入国家科学规划[15],体现了当时图书馆工作实践与图书馆学理论的发展状况、发展方向和具体任务,对其后制订图书馆事业发展规划、促进图书馆工作、开展图书馆学研究、发展图书馆学教育等方面产生了深远的影响。

2.广揽人才,壮大专业师资队伍

图书馆学专修科初办之时,师资力量比较薄弱,主要由王重民、王利器、陈绍业三位专职人员授课。同时,因为政策和学业管理等原因,学员流失严重。1949 年,王重民向校方申请改为四年制本科,因教师不足,申请未获校务会批准。至 1950 年 9 月底,图书馆学专修科仅有王重民、孙云畴、王利器、陈绍业和万希芬五名教师,另外还有几名兼职教师[17]。办学初期,专修科还曾延请毛子水、赵万里、袁同礼、于光远、傅振伦等名家及海外留学归国人士来授课。

在办学过程中,王重民采用本系毕业生留系任教、外校或外系名家调入图书馆学系任教、聘请海外归国人士和资深专家来系任教等方式,不断充实图书馆学系的师资队伍[7]。如刘国钧 1951 年自兰州西北师范学院中文系调入,讲授"图书馆学概论"和"图书分类法"课程[17];张荣起 1951 年从北京图书馆调入，与王重民共同讲授"参考书与参考工作""工具书使用法"课程[18]；张树华1953年留校，先是跟随舒翼犟任"图书馆学引论"课程的助教，后又跟随陈鸿舜任"图书馆藏书建设"课程的助教，1956年以后，开始独立讲授"图书馆读者服务"课程[19]；朱天俊1954年留校任教，协助王重民进行目录学的教学和研究[20]；邓衍林1956年自美国回国，即进入北京大学图书馆学系任教，讲授"中国工具书使用法"课程[21]。经过多种方式不断扩充，至20世纪50年代末，北京大学图书馆学系已有教职工二十余人。

3. 注重图书馆学、目录学教研室和系资料室建设

1952年，王重民辞去北京图书馆副馆长职务，专注于图书馆学专科管理与教学。随着教师队伍的扩充特别是青年教师的加入，加之图书馆学专业在课程体系结构、课程目标、教学内容、教学方法等方面受到时代政治环境和教育理念的影响而发生巨大变化，亟须加强教师在教学内容、教学方法等方面的研讨，在系主任王重民主导下，图书馆学系在原来的"目录参考""图书整理方法""读者服务工作"三个教师教学小组的基础上，组建了图书馆学、目录学两个教研室，加强内容相近课程教师之间的研讨和协作，促进教师业务水平的提高。

图书馆学专科和本科课程体系中，一些业务课的实务性很强，需要辅之以实践训练，才能被学生深入理解和牢固掌握，在图书馆学专修科阶段，即开设过专门的实习课。为了便于专业实习实践的顺利开展，早在1951年夏，王重民就筹

建了系资料室，配备专人管理，购买了大量专业图书资料和实习用书，其中购买收藏的明清书目和各类参考工具书，长期作为系资料室的专藏，在教学科研中发挥了重要作用[22]。

4. 加强教学科研中的横向合作与研讨

1954年秋，王重民受教育部委托，邀请武汉大学图书馆学专修科主任甘莲笙来京，共商办学事宜，制定两系合用的教学计划，研讨教学中遇到的共同问题。专科改系后，他曾与武汉大学徐家麟主任共同讨论改系后的教学计划草案[14]。当时我国各级教育"全面学苏"，并且人才培养目标定位在培养社会主义建设所急需的专业人才，图书馆学教育的人才培养目标则定位在造就可在大型省市级图书馆、国立图书馆、政府机关及科学研究机关图书馆（资料室）工作的受到高度专门训练的干部，以及图书馆学师资。因而图书馆学教育更加注重图书馆基础知识和业务技能的传授，其具体体现便是缩减了目录学课程的数量，大幅度增加了图书馆业务工作相关课程的比例，并且按照教育部门的统一要求，开设政治课、文化课、外语课（俄语）和体育课[23]。

1956年，王重民主持五四科学讨论会并邀请全国著名的图书馆学家杜定友、汪长炳、钱亚新、徐家麟、顾家杰、丁志刚、韩承铎、李钟履、李枫等来系参会。会上，刘国钧、王凤翥、朱天俊三位教师提交了有关中国书史、图书分类、目录学方面的三篇论文供参会者讨论。会议有效地加强了北京大学图书馆学系与整个学界的学术交流，产生了良好的社会影响[22]。

尽管 1957 年以后王重民不再担任系主任，但自图书馆学专修科创办到后来的图书馆学系，王重民付出的心血已经渗透到北京大学图书馆学系的方方面面，在很大程度上影响了北京大学图书馆学教育的理念，为图书馆学系注入了独特的品格和气质。在他看来，北京大学的前身是京师大学堂，其地位与古代太学、国子监一脉相承，所以在北京大学设立图书馆学系，所培养人才的素质应该达到大学生的水平[24]。这说明，王重民是以教育的最高标准来设计图书馆学系的人才培养目标的。

三、苦心经营，构建图书馆学课程体系

从图书馆学专修科初创阶段到后来的图书馆学系发展时期，王重民牵头对图书馆学专业的人才培养目标和课程设置等开展研究，对图书馆学专业课程体系的建立起到了非常关键的作用。

1947 年发布的《国立北京大学图书馆及博物馆专科规程》中，将图书馆学课程分为两个部分，包括主要科目和选修科。

其中，主要科目共 11 门课程，这些课程是从事图书馆业务和管理工作所必需的图书馆学和目录学知识与技能，具体课程包括：图书馆学概论、中国目录学、西洋目录学、中国目录学实习（亦名"专科目录之研究"）、编目与分类、文献学与档案学、中国目录学史、西洋目录学史、版本学、校勘学、图书馆行政。选修科共 9 门课程，包括：哲学史、科学

史、文学史、中国印刷史、近代图书馆学、图书馆利用法、公共图书馆与大学图书馆管理、法科学、医学图书馆管理法[3]，这些课程有不少属于自然科学史和社会科学史的内容，也包括专门图书馆学的内容，有助于学生拓宽知识视野，深入图书馆工作具体实践。

在图书馆学专修科办学初期的课程体系中，目录学类课程所占比重较大，同时也包含较多的古典文献学、档案学、考古学等相关学科的知识内容。

1951 年 2 月，教育部副部长曾昭抡主持召开专科课程改革座谈会，决定组织课改小组，草拟专科改四年制本科后的课程、教材编译办法及设备标准。课改小组召集人为王重民，其他组员包括孙云畴、刘国钧、向达、吕叔湘、彭道真、孙家晋、陈鸿舜、贺昌群，皆为一时之选的大家。王重民牵头草拟了四年制的图书馆学系课程表，并去函向刘国钧、李小缘等专家征集对课程设置的意见和建议，四年制的课程表主要包括图书馆学概论、中国目录学概论、图书分类法、图书馆事业史、专门图书馆等专业课程[17]，对图书馆学本科专业课程体系的构建与完善起到了奠基作用。

王重民深感图书馆不只是收藏图书的机构，也不只是普及文化科学知识的机构，同时还是研究学术和培养人才的机构，他认为图书馆学专业的毕业生应具有广博丰富的学科知识，因而在制订图书馆学系教学计划时，本着大学四年重在打好基础，按"古今结合、文理交叉"的原则来设置课程[25]。

20 世纪 50 年代前期，我国社会处在由新民主主义向社会主义过渡的时期。这一时期的高等教育，主要围绕教育的所有制性质与学制变革而展开，图书馆学教育模式、教育理念、课程设置及教材建设也随之发生了根本性的变化。

按照高等教育部、文化部对高校课程设置的统一要求，北京大学图书馆学系在专业教学计划中增设了政治教育、党史、哲学、政治经济学等课程。在注重思想政治教育的同时，图书馆学专业课程主要围绕图书馆员职业需求展开，教育的核心内容和技能体系与图书馆采编、流通等业务工作紧密相关，强化了图书馆技术与方法的教学，大量增加文化课和业务课[26]。从20世纪50年代开始，图书馆学系的课程体系结构从最初的一类—专业相关课程，发展为包含政治课、文化课、专业课三类课程的体系结构。

除主持课程体系设计之外，王重民在其教学生涯里，为图书馆学专业学生讲授了大量的专业课程。

在图书馆学方面，历年讲授的课程主要包括："图书参考""图书馆事业史""中国书籍制度史""中国书史""中国工具书使用法"等课程；在目录学、版本学方面，历年讲授的课程主要包括："普通目录学""中国目录学""中国目录学史""目录与书刊评价""目录学文选""历史书籍目录学""版本学""中国目录版本学""四库总目研究""书目答问""书目答问补正""版本与校勘"等[8]。授课对象除图书馆学专业的学生外，有些课程也面向中文系及古典文献专业的学生。

上述课程，从侧面反映了图书馆学专业学生需要学习掌握的知识与技能，很多课程在北京大学图书馆学系的课程体系中一直是重要的核心性课程，有些课程后来虽不再开设，但课程内容经过整合、分化，融入其他专业课程中。

王重民殚精竭虑地思考如何开设和完善专业课程，专业课程体系设计立意明确，反映了时代对图书馆学教育的要求，目的是使学生形成较为全面的图书馆学和目录学知识结构，知书懂书，尽其所能地深入到文献内容的研究中去，造就善于组织文献和利用文献的过硬本领，成为图书馆馆藏文献的开发者。

四、呕心沥血，推动图书馆学教材建设

王重民注意加强专业教材建设，他制定了教材建设计划，并亲自编写了大量的讲义和教材。

从 20 世纪 40 年代后期到 70 年代，王重民先后编写的教材和讲义包括：《版本学》（1947 年）、《中国工具书使用法》（1950 年）、《中国目录学概论》（1951 年）、《参考资料与参考工作》（1954 年）、《社会政治书籍目录学》（1955 年）、《普通目录学》（1956 年）、《历史书籍目录学》（1956 年）、《中国目录学史》（1962 年）、《中国目录学史料》（1962 年）、《中国书史》（1974 年）等。

总体来看，王重民编写教材和讲义具有以下特点。

第一，注意对马克思主义理论的学习和运用。新中国成立以来，高等教育受苏联影响很大，在图书馆学专业教材建

设方面也有很明显的体现。王重民编写的教材《目录学概论》（1952 年），注重对苏联目录学理论及方法的学习和吸收。在编写《目录学引论》（1955 年）讲义时，他努力学习与运用马克思主义，吸取范文澜、郭沫若等的马克思主义文化史、思想史研究成果，结合自己整理中国古籍的丰富知识与经验，力图在有限的课时中，将中国传统目录学的丰富内容"浓缩"在其中传授给学生[27]。

第二，注意吸收传统文化，体现中国特色。王重民一生编写教材和讲义的重心在目录学（包括专科目录学）。目录学在我国具有悠久的历史及传统，形成了独特的学术体例，这些都体现在王重民所编写的教材和讲义中，如王重民编写的《目录学概论》（1952 年）、《目录学引论》（1955 年）在体例上，即以传统的"经、史、子、集"四部为主线展开[22]。

第三，注意教材在内容、体例等方面的创新。王重民与朱天俊合编讲义《普通目录学》（1956 年），创造性地将中国目录学史划分为五个历史时期：①从远古到公元前 1 世纪末年《七略》的完成，为我国目录学从发展到建成的时期；②从公元前 1 世纪到公元 7 世纪，即从《七略》完成后到《隋书·经籍志》，为从六分法到四分法演变的时期；③从公元7 世纪到 1840 年，为四分法时期；④从 1840 年到 1949 年，为从形变到质变时期；⑤ 1949 年以后，为学习苏维埃目录学并建立我国新目录学的时期[28]。讲义《历史书籍目录学》（1956 年），是王重民在专科目录学方面的代表作，讲义按照我国史籍的发展脉络，从古代、近代、现代三个时期展开论述，在分析文献类型方面颇具特点，史论结合，揭示了各个时期历史书籍目录学的典型表现及特征，成为同类书籍的奠基之作[29]。

王重民对专业教材讲义建设的贡献还表现在以下几个方面：一是编写的教材和讲义数量很多，王重民在北京大学图书馆学系发展的不同时期，承担了大量的教学工作，对于所承担的课程，他都努力为同学提供教学讲义，这些讲义从内部油印本开始，不断充实完善，有的最后成为正式出版的教材；二是教材内容反映了王重民长期以来在目录学、文献学、版本学等方面的学术成果和积累，也反映了他不断适应时代变化所做的努力；三是与年轻教师合作编写教材，通过此方式对年轻教师在学术研究和专业教学方面加以精心指导，促进其快速健康成长。

五、丹心育人，恩泽惠及后学

王重民一生治学严谨，务实而不尚空谈，言传身教，给后人留下极为深刻的印象。王重民严于治学的精神与他做人的品格是联为一体的，他虽然早就是一位誉满学界的著名学者，但始终谦光自抑，从不夸扬，和蔼可亲，平易近人，具有大家风范；秉性正直，不曲学阿世，不媚上欺下，对人对事，一秉大公。因而，先生在系内外和校友中间，享有很高的威信，赢得了广泛的爱戴和尊敬。

王重民尽职教育，倾心教学培育专业人才。据学生回忆，他讲课口才不能算太好，但知识渊博，具有高超的授课艺术，每次上课前都要认真备课，因而讲课条理清晰，内容连贯[7]。

王重民对待教学的态度极为认真，很多课已讲授过多次，但每次授课，都不敢有丝毫疏忽懈怠。吴慰慈有几次在课堂上见到王重民讲得满头大汗，便关心地询问先生是否身体不适，先生回答是因为担心讲不好课而误人子弟，吴慰慈诚恳地对先生说："您课讲得非常清楚，请不要担心。"

王重民非常重视掌握一手资料，他的衣服口袋里总是装着几张卡片、一支铅笔，遇到想记下来的资料和事项，就马上掏出卡片和铅笔记录下来，因而家中积累了如山的卡片。王重民记卡片的做法也影响到吴慰慈。吴慰慈不论走到哪里，看到有用的资料，都会从随身拎着的提包里拿出小纸条随手记下来。吴慰慈从王重民等前辈的教学和科研中领悟到，研究问题，必须广泛搜集和详细占有资料，然后缜密考校，去伪存真，精深分析，由表及里，博于征引而慎下论断[30]。

对于向他请教问题的学生，王重民总是有问必答，毫无保留，对于如何做学问，指导得十分具体而有说服力。他鼓励学生们树立献身图书馆事业的敬业精神，踏实做人、认真治学。他期望图书馆学系的学生不要妄自菲薄，要热爱专业、尽职尽责，刻苦读书，勤奋钻研学问，力求在学术上有所长进，并且学以致用，毕业后到图书馆基层和一线建功立业[24]。

王重民从本人的目录学治学中，深刻地认识到理论与实践相结合的重要性。他常亲自带学生去图书馆参加工作实习，培养学生的学习能力和独立工作的能力。如指导1951级学生到中国社会科学院近代史研究所进行古籍整理工作[7]；1953年5—6月间，带领图书馆学专科毕业班学生赴沈阳东北图书馆实习。他鼓励学习书评课的学生在课余练习撰写书刊评介，又主动联系出版总署、出版事业管理局阅读科及《光明日报》编辑部，增加学生作品发表的机会[31]。

王重民对青年教员和学生总是循循善诱，奖掖后进，从不没人之长，尽量给年轻教师施展才能和成长的机会[32]，受其影响，周文骏、朱天俊、吴慰慈、辛希孟、王锦贵、孟昭晋、倪波等图书馆学专业的毕业生，及北京大学中文系古典文献专业的崔文印、李剑雄等学生，后来分别成为图书馆学、目录学等领域非常有影响的学者。他们中的不少人，如孟昭晋、王锦贵、崔文印、李剑雄等，除了研究目录学、历史文献学之外，也在王重民学术论著、生平资料整理和研究方面做了大量的工作，形成了相应的研究成果[33]。几十年来，王重民的弟子遍及全国，不少人成为了图书馆学、目录学科研教学骨干或各级各类图书馆的业务骨干，为我国图书馆事业及图书馆学教育、目录学教育的发展做出了应有的贡献。

六、结语

哲人其萎，流绪不绝。王重民在整理古籍、发展图书馆事业，特别是创办图书馆学教育、培育专业人才等方面做出了不可磨灭的贡献。我们今天纪念王重民先生，一是要继承他以弘扬光大祖国优秀文化典籍为己任、献身于工作与治学的敬业精神，二是要不断梳理和深入研究他在发展图书馆学和目录学教育、培育专业人才方面留下的宝贵精神财富，努力推动具有中国特色的图书馆学及图书馆学教育发展。

参考文献

[1] 肖安平 . 开创中国现代图书馆学教育的历史：武昌文华图书馆学专科学校创立和发展纪实 [J]. 武汉文史资料，2003（9）：34-37.

[2] 张光润 . 袁同礼研究（1895—1949）[D]. 上海：华东师范大学，2018.

[3] 范凡 . 论北京大学图书馆学教育的起始时间 [J]. 图书馆论坛，2018（12）：96-104.

[4] 陈传夫，朱传宇，彭敏惠，等 . 中国百年图书馆学教育的历程、挑战与展望 [J]. 信息资源管理学报，2023，13（4）：10-21.

[5] 王重民 . 王重民致胡适 [M]// 中国社会科学院近代史研究所中华民国史研究室 . 胡适来往书信选（下册）. 北京：中华书局，1980.

[6] 张树华 . 早期的北大图书馆学系 [J]. 黑龙江图书馆，1987（5）：64-65.

[7] 李世娟 . 王重民与北京大学图书馆学系的建立 [J]. 图书情报工作 2003（5）：13-19，33.

[8] 宋占茹 ."河北三雄"与我国近现代图书馆事业：谈"河北三雄"之一王重民 [J]. 图书馆工作与研究 2012（5）：13-15.

[9] 李墨 . 王重民年谱 [D]. 保定：河北大学，2008.

[10] 范兴坤 . 新中国 70 年图书馆学教育发展回顾与展望 [J]. 山东图书馆学刊，2021（2）：1-11.

[11] 范凡 . 未名湖畔栖鸿雁　淑春园内育华章：北京大学信息管理系

喜迎 60 华诞 [J]. 图书馆建设，2007（6）：131-133.

[12] 谢运萍. 北京大学图书馆学专业课程体系的变迁：初建与逐步体系化的专科教育时期（1947—1955 年）（一）[J]. 高校图书馆工作，2021，41（6）：1-8.

[13] 吴慰慈，董焱. 中国文化的守望者 [J]. 图书馆学研究，2003（9）：88-90.

[14] 李智媛，韦燕. 论王重民对我国目录学教育的贡献 [J]. 东南亚纵横，2003（5）：77-79.

[15] 张琦. 建国初期第一次图书馆学发展规划研究：基于《1956—1967 哲学社会科学规划纲要》有关图书馆学规划的内容解读 [J]. 国家图书馆学刊，2017，26（3）：80-86.

[16] 1956—1967 哲学社会科学规划草案（初稿）[A]. 哲学社会科学规划办公室，1956.

[17] 顾晓光，郭鹏. 刘国钧先生在北京大学图书馆学系初创时期的往事略记（1951—1952）[J]. 大学图书馆学报，2019，37（6）：22-25.

[18] 王余光. 张荣起先生生平与学术 [J]. 山东图书馆学刊，2013（2）：47-48，53.

[19] 董焱. 张树华先生的学术成就和治学特点 [J]. 晋图学刊，1996（2）：12-17，21.

[20] 李国新. 燕园传道学术经世杏坛授业桃李芬芳：缅怀恩师朱天俊先生 [J]. 图书馆，2013（6）：99-100，2.

[21] 周余姣. 邓衍林之生平、著述与贡献 [J]. 中国图书馆学报，2017，43（1）：107-126.

[22] 朱天俊. 弘扬传统文化献身图书馆教育事业：纪念王重民教授逝

世 20 周年 [J]. 图书情报工作，1995（4）：1-4.

[23] 谢运萍. 北京大学图书馆学专业课程体系的变迁：初建与逐步体系化的专科教育时期（1947—1955 年）（二）[J]. 高校图书馆工作，2022，42（1）：15-23.

[24] 金恩辉. "业无高卑志当坚，男儿有求安得闲"：忆王重民先生的敬业精神 [J]. 北京图书馆馆刊，1999（1）：107-111.

[25] 朱天俊. 难忘的往事深切的怀念：纪念王重民教授诞辰一百周年 [M]// 北京大学信息管理系. 王重民先生百年诞辰纪念文集. 北京：北京图书馆出版社，2003：10-17.

[26] 石庆功，肖希明. "新中国 17 年"图书馆学高等教育的历史考察 [J]. 图书馆论坛，2020，40（8）：18-24.

[27] 孟昭晋. 关于整理王重民教授遗著《中国古书的源流》的说明 [J]. 图书馆学研究，1986（4）：41，7.

[28] 陈耀盛. 对中国目录学史分期的理性思考：目录学理论学习札记 [J]. 高校图书馆工作，1987（3）：21-28.

[29] 王锦贵. 试论王重民先生的目录学成就 [J]. 新世纪图书馆，2003（3）：27-30.

[30] 韩淑举. 学养泽被图林慈心鞠育人才：访北京大学资深教授吴慰慈先生 [J]. 山东图书馆学刊，2010（2）：1-8.

[31] 韦湘燕. 试论王重民的人格魅力 [J]. 黑龙江史志，2009（22）：105-106.

[32] 崔文印. 王重民传略 [J]. 晋阳学刊，1983（1）：103-109.

[33] 孟昭晋，王锦贵. 二十年来的王重民研究 [J]. 中国图书馆学报，1998（2）：54-59.

一级学科调整建议书 ①

【建议单位】北京大学信息管理

【建议内容】建议"图书馆、情报与档案管理"一级学科更名为"图书情报学"。下设5个二级学科：图书馆学；情报学；档案学；出版管理；信息资源管理。

【所属门类】管理学

【论证意见】

一、该学科的学科内涵

图书情报学科有较悠久的历史，在欧洲（德国）已经有200多年的历史，在美国已有120多年的历史。在中国，对图书管理的研究甚至可以追溯到更早，专业高等教育也有了近百年的历史。

图书情报学科以文献信息资源的管理为研究对象，以信息技术为工具，研究信息的生产、传播、存储、处理与利用链的规律和方法，文献载体的形式包括书、期刊、档案、专利、标准，以及数据库、音频、视频、Web网页等。

---

① 本文为2009年6月30日召开的会后总结，吴慰慈为执笔人，会后以集体名义提交给国务院学位委员会。

二、该学科人才培养现状及存在的问题

自 1996 年实施高等教育体制改革以来，我国教育界经过不断的探索与发展，已在图书馆学情报学教育领域取得了令人瞩目的成就，主要表现在：

第一，图书馆学情报学已成为独立的学科体系；

第二，已形成正规教育与成人教育相结合，专科、本科、硕士、博士教育相结合的较完整的教育体系；

第三，师资加强，教育水平明显提高；

第四，一大批毕业生已在图书情报事业发展中发挥了主力军的作用；

第五，研究生教育的培养规模和培养质量有了长足的发展，并向复合型人才培养目标继续前进；

第六，许多高等学校设立了独立的学院（或校直属系），如北京大学、武汉大学、中国人民大学、中山大学等。其中有些高校是在院系合并后又重新独立出来的，如南京大学等。体现了各高等学校对该学科发展前景的重视，也为"图书情报"这一相对弱小的学科取得了良好的发展环境。

目前，本科生教育分布在不同的专业院校，学制为 4 年，它可分为综合性图书情报教育、普通科技情报教育、工程及农医技术情报教育三大类。研究生教育中的硕士学位研究生和博士学位研究生两个层次（此外还有高校教师班、在职申请学位等培养形式）均得到较快发展。同时，武汉大学、北京大学、中国人民大学等先后设立了图书情报学博士后流动站。

目前，本学科存在的主要问题是：（1）教育规模较小，尚不能满足社会对人才的大量需求；（2）公众对本学科的认知和了解不够，高考招生中考生报考专业志愿存在问题。

三、国内外设置该学科的状况和发展情况

1887年，杜威（Melvil Dewey）在美国创办了第一所图书馆学专科学校，但在此后的相当一段时间内，该校主要是进行在职培训或开办各种短训班[①]。1925年，美国图书馆协会（American Library Association，ALA）的图书馆学教育委员会（The Board of Education for Librarianship）确立了《图书馆学院最低标准》（Minimum Standards for Library Schools），将图书馆员培养分为短期大学水平、系水平（非本科）、授予资格的研究生院水平（本科）以及授予研究生学位的研究生院水平四种类型。据美国排名第一的伊利诺伊大学香槟分校图书情报学研究生院的说法，美国图书馆学教育项目（library education programs）的认证始于1926年[②]。该学院还指出，其设立科学硕士学位课程就反映了图书馆学和情报学应该联系在一起的理念。他们开始是培养图书馆员，后来才开始培

---

① 参见 WIEGAND, W A. Irrepressible reformer : A biography of Melvil Dewey[M]. Chicago : ALA, 1996.

② 1926年芝加哥大学图书馆学研究生院（Graduate Library School）成立。参见MARTIN R S.The development of professional education for librarians and archivists in the United States : a comparative essay[J]. American Archivist, 1994（Summer）: 544-558.

养信息服务专业人员。1933 年，美国图书馆协会的图书馆学教育委员会又修订颁布了《图书馆学院最低要求》，将授予硕士学位的项目分为研究生水平、本科水平和非本科水平三类，取消了短期大学层次的项目。1940—1950 年，美国开始明确将 MLS 作为一个硕士学位来代替在此之前许多图书馆学校授予的五年学士学位，而且 MLS 作为被要求的学位写进了 1951 年的《美国图书馆协会认证标准》（American Library Association's Standards of Accreditation），1972 年美国图书馆协会颁布了《美国图书馆协会认证标准》（1972），标准明确了硕士学位项目的目标和目的，指出了课程、教师、学生、组织·管理·财政、设施·设备等方面的评价标准。美国图书馆协会认证委员会（Committee on Accreditation，COA）制订的《1992 年图书情报学硕士学位教育计划认证标准》（ALA. Standards for Accreditation of Master's Programs in Library and Information Studies 1992），由美国图书馆协会理事会于 1992 年 1 月 28 日通过，1993 年 1 月开始实施，认证标准包括六大方面：任务及目标、课程、教师学生、管理及经费支持、硬件资源与设备。该标准不再局限于图书馆学领域，而是引入情报学形成了图书馆情报学，认证范围得到扩展，远程教育也成为认证对象，并且导入了多元文化主义的观点。麦格劳吉大学 ① 是第一个提供正式的图书馆学教育的加拿大大学，也是美国之外第一个提供图书馆员培养项目的大学，根据该

---

① 即麦吉尔大学。

校图书情报学研究研究生院的历史资料，该院 1985 年、1986 年分别将院名和硕士学位名称改为"图书情报学研究研究生院"和"图书情报学研究硕士学位"。1989 年，北卡罗来纳大学将系名更名为图书情报学系。1983 年，艾奥瓦大学将图书馆学院更名为"图书情报学院"，其学位名称也做了相应的改变。这说明图书馆学教育中普遍增加了情报学的内容，至少在 1985 年就已出现"图书情报学研究"这一用法，且在 20 世纪 80 年代，"图书情报学研究"比较受欢迎。*Library and Information Science Abstracts*（LISA）自 1950—1968 年的题名为 *Library Science Abstracts*，1969—1982 年用 *Library and Information Science Abstracts.* 2002 年，美国图书馆协会还制订了《认证过程、政策与程序》（Accreditation Process Policies Procedures，AP3），是认证委员会的认可工作手册，自 2002 年 9 月 1 日起生效。2006 年推出了该手册的第 2 版，自 2006 年 12 月 15 日起生效。手册分为四个部分，对认证基本内容进行了概述，提出了认证项目展示、外部回顾讨论的指导以及认证的程序。2008 年 1 月，美国图书馆协会又对认证政策中的项目展示形式以及项目撤销后学生身份的处理做出了一定修改，自 2008 年 1 月 16 日起生效。2008 年 1 月，美国图书馆协会认证办公室（Office for Accreditation）发布了最新修订的《2008 图书情报学硕士学位认证标准》（2008 Standards for Accreditation of Masters Programs in Library and Information Studies），代替 1992 年的认证标准，并要求 2010 年秋季及之后的课程均依此标准实施。认证标准分为六个方面，框架与 1992 年的《图书情报学硕士学位教育计划认证标准》基本相同。重要的修改之处在于多样性背景、系统计划、学生学习成果、领域的定义、与其他研究领域和大学团体之间的相互交流、远程教育、全球化、管理、多学位项目、价值和职业道德等方面。最新的美国图书馆协会认证文件采用"图书情报学研究"，威斯康星大学、北卡罗来纳大学等使用该术语，但仍有学校使用"图书情报学"，如前文所述的伊利诺伊大学、印第安纳大学、艾奥瓦大学等。著名的《图书情报学在线词典》（*Online Dictionary for Library and Information Science*，ODLIS）也使用"图书情报学"。

据统计，到 20 世纪末，美国的图书情报学院经美国图书馆协会认可的有 47 所，其中 24 所可授予博士学位。每年招收硕士生 12000 人，博士生约 600 人。

20 世纪 90 年代中期起，原图书情报学教育界开始在其名称中取消"Library"一词，少数将 Information 调到 Library 之前，以突出情报学特征。到 2000 年，LIS 学院改名的约占总数的三分之一。近年来，"信息学院运动"（Information Schools Movement，简称：iSchool 运动）兴起，约有 20 所学校仅将 information 作为其院系名称，并向国际化发展为一个联盟——国内武汉大学信息管理学院已于 2008 年加入 iSchool，南京大学拟于 2009 年申请加入。英国的 LIS 学院多在第二次世界大战后设立，20 世纪 60 年代起进入大发展阶段，许多院系名称加上"情报学"，并增设相应的课程。

我国在 1978 年，先后有一批学校创办了科技情报专业和图书馆学专业（本科）。1992年国家科委提出将"科技情报"改为"科技信息"以拓宽各级各类科技情报所的业务范围和生存空间。1993年国家教委修订本科专业目录时也将科技情报专业改名为科技信息专业，属于理学大类下的一级学科"科技信息与系统科学"，另将原"图书情报学"专业和社科情报专业合并为"信息学专业"，隶属于历史学大类。1997年，在淡化专业、拓宽专业面的指导思想下，600个专业压缩为250个，1998年制定的新本科目录将科技信息专业、管理信息系统专业、经济信息管理专业、信息学专业和林业信息管理专业合并为信息管理与信息系统专业，隶属于管理学门类的一级学科"管理科学与工程"之下，但除了核心课程有所规定，其余课程仍由原五大系统决定，因此"经管背景""工管背景"和"图情背景"的痕迹仍很明显，甚至基本相对独立，图情背景的信息管理与信息系统在某种程度上仍相当于过去的科技情报或本科情报专业，保留了过去的情报学内容，只是管理和系统类的课程增多了。

四、该学科主要研究方向及研究内容

图书情报学科关注以下问题：（1）网络信息资源的配置、人与信息技术之间的交互、信息资源利用评价等，需要专业理论指导；（2）信息生态失衡需要在信息政策、信息立法和宏观调控方面加强研究；（3）促进信息技术研究和应用的深化；（4）面对信息稀缺和信息过载所导致的信息贫困也需要加强对信息的情报价值发现和传递的研究;(5)公民信息能力的低下和信息意识的淡薄在相当程度上影响了信息产业的发展,需要加强用户服务研究和对信息素养教育培训的研究;(6)当人们淹没在信息的海洋里,日益渴求为决策提供所需的知识时,五个学科都担负着从单纯的文献和信息处理走向研究发现知识和运用知识的任务,需要从大量数据中挖掘出决策所需要的深层次信息,转化为新的知识并加以有效的运用。

目前该学科下的主要研究方向包括:

- 图书情报学理论与方法
- 图书馆、档案馆管理研究
- 文献资源建设
- 信息组织与检索
- 图书馆自动化及数字图书馆
- 信息构建
- 情报分析研究
- 数据挖掘与知识发现
- 本体（Ontology）及其应用
- 用户及其信息行为研究
- 信息资源规划及信息服务集成
- 信息资源配置
- 咨询服务研究（包括信息资源导航等）
- 战略信息管理与战略信息系统
- 网络信息资源管理

- 元数据
- 信息可视化
- 文献计量学、信息计量学、网络计量学
- 语义网研究
- 信息构建（IA）
- 知识提取技术与方法
- 数字化信息资源整合
- 知识管理
- 数字资源长期保存
- 信息经济学
- 信息政策、信息法规、信息伦理、知识产权（含出版法规、档案法规等）
- 信息服务与信息保障
- 情报检索语言
- 开放存取研究
- 文献学研究
- 古籍版本学研究
- 目录学研究
- 信息资源配置、开发及利用
- 数字化政务信息管理
- 文件管理与档案管理研究
- 档案文献遗产保护
- 数字化商务信息管理
- 竞争情报（及其软件系统）

- 出版基础理论与管理
- 编辑理论与实践
- 数字出版研究
- 阅读文化与知识传播研究
- 出版物发行与营销研究
- 出版管理研究
- 出版产业与出版经济研究
- 期刊研究
- 版权研究
- 出版史与出版文化研究

五、该学科与其相近一级学科的关系

目前学科目录中与图书情报学相关的一级学科主要有计算机科学与技术、管理科学与工程、公共管理和新闻传播学。

计算机科学与技术属于工科，侧重系统地研究计算机硬件、软件与应用的基本理论与方法。该学科为图书情报学研究提供了技术工具，如将计算机技术及其软件应用于数字图书馆建设、信息搜索、信息系统构建和数据库开发等信息资源的管理和建设。

管理科学与工程主要是运用系统科学、管理科学、数学、经济和行为科学及工程方法，结合信息技术研究解决社会、经济、工程等方面的管理问题的一门学科。该学科为图书情报学研究提供了管理理论方法与工具，如用于研究信息活动的机理、信息机构的管理等。

公共管理包括以政府为主导的公共组织和以公共利益为指向的非政府组织（NGO），为实现公共利益，为社会提供公共产品和服务的活动。而图书情报学所涉及的研究对象中包含了大量公共信息资源和非营利机构（如图书馆、档案馆），因此，前者的理论成果对于图书情报学的研究具有借鉴意义。

在现有的本科专业目录中，编辑出版学列于传播学一级学科下。但从编辑出版学学科的起源和研究对象看，出版科学更多涉及出版（发行）机构、流程的管理问题，其研究对象（图书、期刊、电子出版物等）更应纳入图书情报学的范畴。

六、社会对该学科的需求情况及就业前景分析

据统计，全国现有 2825 所各级公共图书馆，3987 所档案馆（截至 2008 年统计），1867 所高校的图书馆和档案馆（截至 2007 年统计），国家部委、省、自治区以及地市由政府预算支持的情报机构约 440 个，信息咨询企业 27 万多家。科研院所图书馆和档案馆、各种事业单位和政府部门的图书馆和档案馆、企业情报部门和技术档案室、中学图书馆和档案室，以及各层次情报所（室）、专利和标准管理部门、出版发行部门、图书公司等数量庞大。这些都是图书情报学专业本科和硕士生的对口就业部门。

调查显示，我国公共图书馆馆长中，所学专业为图书情报类的占34.42%，其中5.9%为第二学历，即目前我国公共图书馆馆长中具有图书情报类专业教育背景的人数仅占三分之一，高校和科研系统图书馆馆长中，图书情报学专业出身的只占17.44%，其中，具有硕士学位者更少。211工程院校的86所大学的馆长中，图书情报学专业出身的只有15人（占17.44%），理工类38人（占44.19%），文史类17人（占19.77%）。211工程院校尚且如此，其他高校情况更不容乐观。2009年6月23日，教育部在其网站上公布的全国普通高校共1983所。我国现有高职高专310所，独立学院317所，成人高校486所，民办普通高校239所，民办成人高校2所，而且仍在增加。每所高校至少有一个图书馆，另有一些院系分馆。这些学校具有图书情报学科背景的图书馆工作人员比普通高校更少。

除三大系统图书馆外，社科院系统、军事院校、党校系统、工会系统、政府机关、事业单位和企业还有大量的图书情报工作人员。

据统计，全国各地区公共图书馆共2791个，从业人数49069，其中高级职称2993人，中级职称14084人。省级公共图书馆共39个，从业人数6920人，高级职称964人，中级职称2289人。地市级图书馆共418个，从业人数15326人，高级职称1217人，中级职称5032人。县市级图书馆共2262个，从业人数25481人，高级职称619人，中级职称6191人。

中国图书馆学会组织的面向400家图书馆（包括公共图

书馆、高校图书馆、科学专业图书馆）馆长的调查显示：在回收调查问卷的116个图书馆中，共有在职员工11825人，其中有大学本科及以上学历的有6004人，占50.8%。在本科以上学历的人员中，有图书馆学学科背景的有1330人，占22.2%，非图书馆学专业毕业的4674人，占77.8%。值得注意的是，2002—2006年，这116所图书馆新增本科及以上学历人员2239人，其中有图书馆学专业背景的354人，仅占新增本科人员的15.8%，说明近年来图书馆录用图书馆学专业的毕业生明显偏少。而与此同时，其他专业的本科、硕士、博士毕业生在图书馆就业的却越来越多，尤其是博士。

与图书馆相比，情报行业的相关机构类型相对多样化，业务范围包括：科技情报研究、科技文献及专利检索；科技经济信息、技术咨询；科技成果推广；计算机软件开发、网站建设、电子商务以及市场调查等。我们将全国范围内的情报机构大致划分为三类：第一，由各级政府预算支持的科技情报（信息）机构。根据中国科学技术情报学会的调查，全国部委、省、自治区以及地市由政府预算支持的情报机构大约有440个，情报服务人员为5.6万人，他们的专业背景多为图书情报类，或者科技领域的某一特定学科专业。第二，面向市场为客户提供咨询服务的信息咨询企业。根据中国信息咨询行业调查报告的相关数据统计，全国约有信息咨询企业27万多家，从业人员240多万人，行业人员的学历结构表现出"哑铃"形状——工商管理类和数理统计类背景的人员较多，而具有情报获取和分析能力的人员所占比例较少。第三，大中型企业内部技术和商业情报调查分析部门，主要为企业提供决策参考支持。在世界 500 强企业中，有 90% 以上的企业设立了企业商业情报部门。国内的企业真正拥有自己的竞争情报系统的不足 10%，许多企业的情报部门还无法为决策层制定正确的竞争战略和为策略提供有效的支持。在企业中从事技术商业情报工作的人员多是计算机及相关专业背景，具有情报管理和信息管理素养与技能的人员比例很低。

可见，我国图书情报工作人员的总体学历层次偏低，尤其是受过高层次图书情报管理专业教育者很少。

从近年来毕业生的就业情况看，虽然整体就业形势比较严峻，但与其他专业相比，图书情报学专业一次就业率仍处于中等以上（不少高校该专业的就业率在前五位），且研究生就业情况好于本科生。

七、该学科的发展前景

图书情报学不仅对应着我国传统的文献收藏和服务领域，更对应着更为广阔的信息资源生产、加工和服务领域。在社会信息化的浪潮和知识经济的推动下，显现出强大的社会需求：随着社会经济的发展，各地新建图书馆、档案馆等不断增加，需要专业人员管理；编辑出版的产业化，也需要增加专业人员；数字信息资源等新型信息资源的管理更为图书情报学专业毕业生未来就业提供了广阔前景，尤其是这些行业的专业深化及其对应的学理研究对培养信息管理高层次人才提出了强劲要求，推动研究课题的增多和深化，由此形成驱动图书情报学科发展的社会动力。

八、该学科可归属的二级学科及其简介

"图书情报学"一级学科下可以设置图书馆学、情报学、档案学、出版管理、信息资源管理5个二级学科（目前，学科目录中只设置了图书馆学、情报学、档案学3个二级学科，武汉大学、北京大学、南京大学等均以备案方式自主设置了出版管理、信息资源管理二级学科）。

1. 图书馆学（120501）

图书馆学是研究图书馆的发生发展、组织管理，以及图书馆工作规律的科学。其目的是总结图书馆工作和图书馆事业的实践经验，建立科学的图书馆学理论体系，以推动图书馆事业的发展，提高图书馆在人类社会进步中的地位。当代图书馆学由理论图书馆学、应用图书馆学和专门图书馆学组成。

2. 情报学（120502）

情报学是研究情报的产生、传递、利用规律和用现代化信息技术与手段使情报流通过程、情报系统保持最佳效能状态的一门科学。它使人们正确认识情报自身及其传播规律，充分利用信息技术和手段来提高情报产生、加工、储存、流通、利用的效率。情报学可分为理论情报学、应用情报学以及情报工程技术三个部分。

3. 档案学（120503）

档案学是研究档案和档案工作规律的科学。主要研究档案的形成、发展以及档案管理、利用的规律和方法。档案学分为理论档案学与应用档案学两个部分。

4. 编辑出版学

建议更名为"出版管理"。

该学科是研究出版业运行规律并指导出版实践发展的一门应用学科。其研究对象包括出版学理论与历史研究、出版业务（编辑、印刷、发行）、出版技术研究、数字出版研究、阅读文化等。

5. 信息资源管理

信息资源管理的基点，是要将信息作为一种重要资源加以管理。它的任务就是采用全新的思想，以最有效的模式管理人类的信息资源——小到一个社会组织的微观层面，大到国家政府的宏观层面，包括：分析用户的信息需求及其决定因素、表现形式、转化机制和满足方式；确定和寻找信息源；研究信息的采集和转换；研究语义信息和语用信息的组织；等等。

信息资源管理学的学科理论及其体系在我国的形成时间不长，如果从孟广均先生影响较大的《信息资源管理导论》出版算起，只有10年左右，且现在仍在继续发展。从人才培养的角度来看，其培养方案一般要求：熟悉各类信息资源管理流程；了解电子政务行为、程序；具有熟练运用信息技术采集、组织、加工和开发利用信息资源的能力；强化信息组织、信息检索、信息分析三大核心能力培养。

九、参加该学科论证的专家情况

关于该学科的名称及所属二级学科设置的问题，国内高校和相关机构（如国家图书馆、中国科学技术情报研究所）的专家学者经过了长期的酝酿和讨论。

在接到教育部关于学科调整的通知后，武汉大学、北京大学、中国人民大学、南京大学和中山大学 5 所重点大学的该学科点负责人专门于 2009 年 6 月 30 日在北京大学进行了专门的讨论，并达成两个基本共识：

一是一致同意本学科一级学科下设置图书馆学、情报学、档案学、出版管理、信息资源管理 5 个二级学科；

二是一级学科名称拟在"图书情报学""信息资源管理"两个名称中选择。

同时，在此基础上，北京大学信息管理系广泛征求了校内外专家的意见，最终决定建议使用"图书情报学"作为一级学科名称。

参加 6 月 30 日专题研讨会的专家有北京大学信息管理系：王余光（学科评议组成员，系主任，图书馆学教授）、王子舟（副系主任，图书馆学教授）、吴慰慈（北京大学资深教授，第五届学科评议组召集人，图书馆学教授）、赖茂生（情报学教授）；武汉大学信息管理学院：陈传夫（院长，图书馆学教授）、李纲（副院长，情报学教授）；中国人民大学信息资源管理学院：冯惠玲（学科评议组成员，副校长，档案学教授）、赵国俊（院长，档案学和情报学教授）；南京大学信息管理系：沈固朝（系主任，情报学教授）；中山大学资讯管理系：曹树金（系主任，情报学教授）。

　　此外，还咨询了彭斐章教授（武汉大学资深教授，第四届学科评议组召集人）、马费成教授（武汉大学教授，第五届学科评议组第二召集人）的意见。

注重严谨求实　鼓励开拓创新[①]

　　培养研究生要抓三个重要环节：一是招生，录取品学兼优的学生；二是培养，认真培养研究生；三是授予学位，保证学位授予质量。

　　我是从1983年开始担任研究生导师的，至今已有20年，先后共指导26名硕士研究生，18名博士研究生，目前在校博士生8名。在研究生培养工作中有些体会，现归纳如下：

一、要高度重视生源

　　高度重视生源的目的是把那些真正品学兼优的考生录取进来。这是培养合格的研究生的前提条件。报考我的研究生的考生一直较多，最多时可以达到从5—6人中录取1人，要从多人中挑选那些基础好、学风端正、学习刻苦的考生。当然，对于物色到的对象，也要与其他考生一视同仁，平等竞争，择优录取。要坚持"宁缺毋滥"的原则：如果从考生中选不出理想人选，尽管其考试成绩达到了录取分数线，也不可勉强录取，这样才能保证培养质量。要坚持"德才兼备"

---

① 本文是2003年7月17日在某情报所研究生导师会议上的报告。

的录取标准：业务水平不高，固然不能录取；品行方面不符合要求，同样不予录取。

二、在培养环节上，坚持"严字当头，从严要求"

人们常说：名师出高徒。而名师同时也是严师。我们大家都处在研究生导师的岗位上，这是一个重要的岗位，希望大家都能做一名严师，在整个培养过程中，始终贯彻从严要求的精神。具体来说，主要抓以下几个方面：

1. 入学教育

研究生一进校，研究生导师就应该把他们召集在一起，从做人和做学问两个方面明确提出要求：做人的要求是有理想，诚实踏实，谦虚谨慎，奋发上进，团队精神，团结互助；做学问的要求是刻苦钻研，严谨治学，勇于探索，多读书，多思考，多写作。平时，导师应结合研究生暴露出来的一些学风和思想品德问题，和他们交谈，使他们从中吸取教训，受到教育。许多品德教育，都是随时随地进行的。这样，日积月累，好的品德和学风就会在他们身上逐步形成。

2. 培养计划

导师应指导研究生订好培养计划。在培养计划中，最重要的是要按照专业、研究方向和培养高质量研究生的要求，列出必读书目。在必读书目的确定上，一定要下一番功夫。对于这一书目，不仅要求研究生把它读完，而且要真正读懂。事实说明，凡是按照这一要求去做了的研究生，在专业水平上都登上了一个新的台阶。

3. 选好课

导师要帮助研究生选好课。北大规定：博士生要修满 15 个学分，硕士生要修满 38—42 学分。选课应围绕研究方向，以打好专业基础，提高科研水平为目标来进行。在课程设置上，除学位课外，要在学分不超载的情况下多选选修课。我帮研究生选课，通常包括三类课程：一类求精专，二类求实用，三类求广博。第一类旨在进一步提高研究生的专业基本功；第二类直接与研究课题和学位论文挂钩；第三类旨在进一步打开研究生的视野，使之了解本学科前沿问题。从研究生培养质量来看，与其放任自流，不如进行一定的课程教学。目前，研究生（特别是博士生）生源不太好，有少数学生是并未经过本专业（二级学科）正规训练而以同等学力报考的，对这部分人，导师应督促其辅修必要的基础课或专业课。采取讨论的方式进行教学也可试行。参加讨论的有本专业或相关专业的专家、本学科在读的博士生。讨论要有充分的准备，每次讨论课要有中心或专题。通过这种形式既可以使研究生吸取更多的营养，学会辩论问题；亦可以使本学科点成员了解研究生水平，以利施教。

4. 科学研究

导师应抓紧研究生科学研究工作，建立对研究生发表科研论文定期进行统计通报的制度。为了鼓励研究生从事科研活动，我们确定了由抓小论文（专题论文）到大论文（学位论文）的工作思路。因为论文写作有一个逐步深入的过程，只有写出若干篇与学位论文题目有关的各个专题的高质量论文，才能保证写出符合要求的学位论文。按照这一思路，我建立了对研究生科研论文发表情况定期统计、通报的制度，即以学年为时限，按研究生学号顺序，每年定期将研究生发表在国内外学术刊物上的科研题目、字数、刊物名称、期刊号等有关情况统计造册，并在全系范围内予以通报。我们规定凡在校期间，没有在本学科核心期刊上发表与学位论文选题内容相关的科研论文的研究生（特别是博士生），不得申请学位论文答辩。我们明确提出：坚决反对研究生把主要精力放在搞拼凑出来的几乎没有什么学术价值的所谓"全书""辞书"上。导师要注意把研究生的主要精力引向专业学术研究，争取让他们在本专业领域内有所建树。

5. 学位论文

严把学位论文推荐关、答辩关，保证学位论文的质量。导师要下大力气抓学位论文的质量。首先要抓好论文选题。论文选题一般由研究生本人在二级学科领域内做广泛的调查研究后独立提出，导师抓选题应注意以下几点：

第一，提倡理论联系实际，应具有学术价值和实用价值。

第二，选题应属于本学科前沿。

第三，学科点的经费和设备应具有完成本选题的基本条件。

第四，导师对所选题目应具有指导能力。

论文选题确定后，要组织副教授以上的专家群体（4—5人）对该选题进行评价。

　　硕士、博士学位论文必须是一篇系统的、完整的、有创意的学术论文。对学位论文质量的审核，应从以下四个方面掌握标准：

　　第一，在本门学科上掌握坚实宽广的基础理论和系统深入的专门知识。

　　第二，已具有独立从事科学研究工作的能力。

　　第三，在科学或专门技术上做出创造性成果。

　　第四，坚持理论联系实际的原则。

三、加强学科建设，创造良好的科研条件

　　学科建设是学位授予点建设的核心，在加强学科建设过程中，应为研究生参与科研创造条件。具体做法是：（1）制定学科发展规划，明确研究方向；（2）加强课程建设，特别是学科前沿课，即本学科最新研究动态、学术争论的焦点、热点问题；（3）加强实验室建设；（4）加强国际学术交流；（5）鼓励研究生参加国内外学术会议。

　　导师要通过各种途径，帮助研究生了解本学科的研究对象、前沿课题和研究热点，要鼓励和保障研究生在学期间参加相关的学术会议，并尽量参加在国内召开的国际性学术活动。

四、研究生学位论文的标准

为师者，必须传道、授业、解惑。当前，不少研究生论文中有一个通病，就是参考文献不规范。因此，导师需要提醒学生注意以下几点：

第一，只引自己读过的文献，不引未曾过目的文献。如有必要引证，应注明根据哪篇文献转引。

第二，只引和本文关系密切的文献，不引不相关的文献。

第三，只引公开发表的文献，不引未发表的资料，如实必要，可在正文中括号内说明，而不列入参考文献目录。

第四，文献目录要和正文中的引证一致，不可此有彼无。

第五，参考文献的排列依刊物不同而有两种方式：一种是按作者姓氏笔画（中文）或字母（西文）顺序，另一种是按在正文出现的先后顺序。

第六，在正文中引证西方作者时，只引姓不引名；如系两名作者，应均引证；如系三名以上作者则只引第一作者而在其后加"等"或"et al."。

第七，一篇文献内的各个组成部分的排序以及标点符号，各个刊物有不同的规范，这类细节也很容易被忽略。办法很简单：只要在案头放一册样刊，认真模仿就不会出错了。

怎样才算一篇符合要求的论文呢？我想至少要达到以下几点：

一是准确性。要做到数据准确，引证确切，文义朴实，结论中肯。

二是整体性。通篇前后呼应，避免拼凑、重复、脱节和比例失调。

三是简明性。要求思路清晰，行文流畅，语言精练，图表醒目。

四是规范性。除了稿件本身的写作规范外，还要注意加强排版过程中的校对。

学无止境，写作的水平也是没有止境的。只要反复琢磨，不厌其烦，就可以逐步提高论文的写作水平。

中科院文献情报中心研究生教育40年寄语①

今年是中科院图书情报与档案管理学科研究生教育创立40周年，令人敬佩，值得庆贺。研究生教育是大学本科后高层次教育，是在导师指导下的强化性学习。经历长期办学实践，中科院已经形成了自己独有的研究生教育新特点。这些新特点可以概括为：（1）招生时着力招收学科背景多元的生源，提高研究生入学新生的全面素质；（2）加强基础训练，注重研究生的能力培养；（3）设置结构合理、体系优化、适应新技术革命要求的课程体系；（4）学位论文立足于独立科研能力的培养；（5）严格管理，加强指导，确保学位授予质量；（6）完善博士研究生培养过程质量保证的办法和措施。上述六点，是中科院研究生培养的简要概括，这种依托本院优势，以特色驱动发展，着力找准定位，加强专业技能型和实践应用型人才的能力培养，是符合实际需要的，也是值得提倡的。

改革开放40年来，我国图书、情报与档案管理学科研究生教育有了很大的发展，学位的授予质量不断提高，我为此

① 原文发表于《图书情报工作》2019年第63卷第19期。

感到喜悦和自豪。我希望今后的研究生教育更加注重内涵发展，切实保证质量，努力提升培养方案水平，提升研究生生源质量，提升课程教学水平，提升培养国际化水平，提升研究生科技创新水平，提升学位论文质量。在博士研究生培养过程中，需要加强各部门的合作，构建多部门协同育人体系，实现对博士生教学过程和培养过程常态化监测督导，突出学科前沿和学科间的交叉渗透，夯实基础，拓宽知识面，改善知识结构，增强适应性；搭建导师间学习沟通的桥梁，打造"图情档"管理学科博士生创新能力提升的精细化培养链。

中科院研究生教育40年寄语

吴慰慈

今年是中科院图书、情报与档案管理学科研究生教育创立40周年，令人敬佩，值得庆贺。研究生教育是大学本科后高层次教育，是在导师指导下的强化性学习，经历长期办学实践，中科院已经形成了自己特有的研究生教育新特点。这些新特点可以概括为：(1)招生时着力招收学科背景多元的生源，提高研究生入学新生的全面素质；(2)加强基础训练，注重研究生的能力培养；(3)设置结构合理，体系优化，适应新技术革命要求的课程体系；(4)学位论文立足于独立科研能力的培养；(5)严格管理，加强指导，确保学位授予质量；(6)完善博士研究生培养过程质量保证的办法和措施。上述六点，是中科院研究生培养的简要概括，这种依托本院优势，以特色驱动发展，着力找准定位，加强专业技能型和实践应用型人才的能力培养，是符合实际需要的，也是值得提倡的。

改革开放40年来，我国图书、情报与档案管理学科研究生教育有了很大的发展，学位的授予质量不断提高，我为此感到喜悦和自豪。我希望今后的研究生教育更加注重内涵发展，切实保证质量，努力提升培养方案水平，提升研究生生源质量，提升课程教学水平，提升培养国际化水平，提升研究生科技创新水平，提升学位论文质量。在博士研究生培养过程中，需要加强各部门的合作，构建多部门协同育人体系，实现对博士生教学过程和培养过程常态化监测督导，突出学科前沿和学科间的交叉渗透，夯实基础，拓宽知识面，改善知识结构，增强适应性；搭建导师与学生沟通的桥梁，打造"图情档"管理学科博士生创新能力提升的精细化培养链。

2019年7月7日

中国图书馆学的发展与新一代图书馆学人的使命 ①

——在中国图书馆学会第八届学术研究委员会成立大会暨工作会议上的报告

新中国成立60年来，特别是改革开放30年来，图书馆学在中国的发展取得了明显的进步，中国图书馆学研究也显现出值得肯定的学术成就。我不想用事实性数据来说明上述结论，而是采用对研究工作有指导意义的"学术思路""思维方式""视野、视角"等来陈述我的看法。

一、学术思路的新进展

1. 努力重构图书馆学理论体系。这是新一代图书馆学人的学术追求。从20世纪80年代初至90年代末，先后有14本图书馆学理论著作（含教材）问世，21世纪初另有3本理论著作（含教材）出版。这17本著作（简称14+3，包括"概论"系列、"基础"系列、"原理"系列、"新探"系列）都

---

① 原文发表于《中国图书馆学报》2009年第6期。

是图书馆学理论体系重构的产物，是图书馆学人广泛吸收本学科和其他学科的知识体系与方法论，经过数年的盘整梳理，产生了文献信息理论、信息资源管理理论、知识交流理论等。在这段时间里，图书馆学界就图书馆精神、图书馆权利、信息平等、信息保障制度等很多理论命题展开讨论，显示出新一代图书馆学人一直在尝试构建与时代发展相契合的理论体系。时至今日，关于图书馆学理论重构的文章仍时常出现。也正是由于关注之多，关注之持久，研讨之深入，出现了角度频繁转换、理论主张多元、理论体系不成熟不稳定的问题。图书馆学理论体系重构存在的问题促成了图书馆学人对此进行反思。在不断评析、争鸣、反思的过程中，人们也学会了克服浮躁与低俗，多了一些客观与冷静。我们应该看到在重构图书馆学理论体系中积累了一些有创见、有新意、有价值的学术思想，沉淀出了一些理论上的共识。

2. 图书馆学研究的国际化视野得到拓展。改革开放以来，越来越多的国外图书馆专家"走进来"讲演、发表论文和专著；越来越多的国人"走出去"，走入 IFLA 各专业委员会，走上国际图书馆论坛，在国际期刊上发表论文。国际合作与交流是推动我国图书馆学科发展和事业进步的重要推动力。社会形态的变迁，媒介环境的变革以及受众接收习惯的潜移默化，国外图书馆学原有的学科体系内的各个分支领域都在结合新的命题展开新的研究。国内图书馆学界非常重视国外图书馆学的研究，积极引进国外图书馆学先进成果，为图书馆学提供了高水平发展的参照系。有些文章显示出国内研究者在国际图书馆学和广义社会科学的广阔背景下来思考图书馆学学科建设问题。对国外图书馆学成果的了解和引进，有助于我们吸收和借鉴国外先进经验，发展和创新中国图书馆学。

3. 注意学科之间的横向拓展，并引进相关学科的理论和方法。一方面，图书馆学与其他相关学科相互渗透和结合，注意从其他学科中汲取营养；另一方面，着力开发图书馆学内部的横断分支学科的研究。科研工作顺序一般是先定量，后定性，从量的变化看质的发展。如果量的积累不足，或广度、深度不够，就会导致定量不准确，就不可能有恰如其分的定性。定量分析使定性分析更具有客观依据，并使结论更加严密和科学。

4. 重视联系实际问题进行研究。改革开放带来社会诸多方面的巨大变化，纯理论的研究使图书馆学落后于社会发展需要，研究者表达了"危机感"及迫切希望摆脱"窘境"的愿望和心情。有的学者发出了图书馆学必须关注现实问题的呼唤，提出了以现实问题为导向的研究，期盼从中国的社会发展需要出发，以解决中国图书馆的实践问题、现实问题为目标。近10年来，联系实际问题的研究思路使图书馆学领域得到拓展，研究内容丰富多样，新兴前沿性课题不断涌现。这种研究思路表达了强烈的人文关怀，更多地表现出了图书馆学人的社会责任。例如，人们通过研究我国公共图书馆服务体系表达了构建普遍均等服务的美好愿望；通过研究图书馆2.0表达对用户体验的支持；通过研究图书馆职业的发展前景来助力图书馆社会定位的提升。这些视角让我们感到图书馆学对现实问题不再表现出冷漠和凝滞。

5. 在图书馆学研究方法问题上，20世纪80年代以来除了引进欧美国家图书馆学研究的一些新方法外，还采用了自然科学和社会科学一些新的研究方法，自觉接受了哲学原理和哲学方法的指导，在一定程度上推动了图书馆学学科建设。1987年在重庆召开的图书馆学情报学方法论专题研讨会上，重点讨论了方法论体系问题，除对原有的"三层次""四层次"进行了补充和完善，又具体地分析了系统论方法、控制论方法、信息论方法、比较方法、移植方法在图书馆学中的应用。应该指出，系统分析等方法被引进图书馆学，既丰富了图书馆学的内容，也开拓了图书馆学的领域。将图书馆作为信息系统中的一个子系统来考察，会使图书馆学的宏观考察和微观研究得出科学的结论。

二、图书馆学的新变化

1. 图书馆学研究的范畴和空间扩展了。传统图书馆学是以馆藏建设、读者服务与图书馆管理为基本范畴的。20世纪90年代以来，随着互联网的兴起，图书馆学研究逐渐向信息资源建设、信息服务、知识管理等领域拓展。网络环境下的知识组织原理与方法，知识信息处理方法与技术应用，知识单元的自动标引与自动检索，文献知识与信息深层揭示的原理与方法，电子文献的采集、保管与利用，科技信息交流媒

体 / 载体的整合，社会经济信息化测度与评估，知识创新与科技信息转化机制，基于知识服务的图书馆改革与体制创新等，都成为图书馆学研究的热点。这些重大课题的研究，有助于更新与丰富图书馆学的内容，增强图书馆学对国民经济和社会发展的推动力与影响力。

2. 图书馆学的技术含量提升了。现代图书馆普遍采用新的信息技术，主要是计算机技术、多媒体技术、远程通信技术、高密度存储技术。这些技术应用于图书馆工作领域，使图书馆服务向网络化、数字化的方向推进，这样就必须展开信息技术的应用研究。数字图书馆技术起初是以书目为中心或以图书馆自动化系统为中心，典型的成果是网络联机合作编目系统、联机情报检索系统等。随后，数字图书馆技术发展到以资源数字化为中心，主要是扫描技术、OCR 技术、海量信息存储技术、全文检索技术等。目前，数字图书馆技术发展到以资源集成为中心，核心是解决分布式异构数字资源的互操作问题，代表技术是跨库检索技术、OpenURL 技术、门户技术、元数据收割技术等。最近两年，RFID 技术（射频识别）的应用研究也比较引人注目。RFID 技术带来了全新的排架体系与标识系统，能够实现准确快速定位和导航。加强对 RFID 技术标准的研究有利于扩大其应用范围。

3. 图书馆学显现出新的生长点。20 世纪末，由于信息技术的飞速发展，图书馆作为社会知识信息媒介的功能日益重要，网络环境下的信息资源建设，知识管理系统的设计，网络信息资源开发与利用，电子资源的采集、保管与利用，数字资源整合，网络知识产权保护，智能检索，数字参考咨询，数字图书馆开发、管理与技术，开放存取学术交流模式等领域成为图书馆学新的知识生长点。这些新的生长点是图书馆学与计算机科学、信息科学、传播学等学科交叉融合的产物，说明图书馆学与这些学科的交融关系越来越密切。

三、图书馆学研究存在的问题

新中国成立 60 年以来图书馆学研究取得了值得肯定的学术成就，但是我们也必须承认图书馆学研究存在的问题和不足。

1. 理论研究的主攻方向不甚明确，对某些问题的研究存在着理论与现实脱节的偏向。重复研究依然存在，这种重复表现为选题重复、思路重复、方法重复。像知识管理、资源共享、信息服务等热点问题，发表的成果数量相当可观，但在研究思路、理论观点、技术方法因别开生面而具有创新性的著述并不多见。重复研究不过是对既有的知识总量的重组，对知识总量的增长并没有实质性的贡献。

2. 研究队伍的组织、研究课题的选定、研究成果的数量与质量，在各地区、各系统中发展很不平衡。

3. 有的研究者在著作中引进相关学科的理论和方法，存在着生搬硬套的做法，导致一些非科学成分的出现，降低了图书馆学的科学水平。

4. 对西方图书馆学的某些理论观点和图书馆学家的学术

思想，未能做出科学的分析和评价。

5.有些论文论证不够充分，不够严谨，未能把观点和材料、定量和定性统一起来，因而难以用定量的数据证明定性的观点，用定性的观点统率定量的材料。

四、新一代图书馆学人的使命

进入 21 世纪以来，我国图书馆学研究出现了新的态势，呈现出全面推进、注重创新、蓬勃发展的良好局面。在这种学术背景下，作为中国图书馆学会学术研究委员会的成员，担负着重要的学术责任，面临着新的使命。

1.更加重视理论创新。科研工作者的历史使命是创新。一项学术成果是否具有创新性可以从四个方面考察：（1）在开拓研究领域方面是否具有创新性；（2）在使用研究方法方面是否具有创新性；（3）在运用论证资料方面是否具有创新性；（4）在阐述观点或理论方面是否具有创新性。具备任何一种形式的创新，都可称得上是具有创新性的学术成果。

图书馆学理论创新应该注意学科发展中基本问题的阐释，其中图书馆学的理论基础问题尤为重要。它是基础理论的逻辑起点，为图书馆工作实践提供最基本的理论指导。应该注意学科新框架的建构，为新的知识生长点提供可发展的空间。应该瞄准学科前沿性课题，密切关注应用领域的发展变化和存在难点，力求更好地贴近实践，在理论和应用之间构建一种协调发展的格局。

2. 严谨治学，摒弃"简单化"。科学研究是一种复杂的思维活动，在图书馆学研究中，要严谨治学，摒弃"四个简单"：(1)简单移植，只是对他人方法的应用和重复；(2)简单揭示表面现象，没有深入研究事物发生、发展的内部关系和外部关系；(3)简单延伸，只是进一步证实他人的研究工作；(4)简单推理，只是采用一定的实验证实已知的结论。

3. 加强实证研究。图书馆学所研究的问题大多是实践性很强的问题，因而实证研究应当是图书馆学研究的基本维度和思路。但是我国图书馆界有不少人仍然习惯于从理论命题到理论命题的推演式研究，也有学者的研究还停留在罗列各种各样的观点和结论。实证研究的缺乏不仅是一个学术风格的问题，更是一个影响学科发展的问题。

4. 突出应用研究。信息技术的进步及信息环境的变化为图书馆学研究不断注入新的活力，传统的研究范围、研究方法和研究手段受到了猛烈的冲击。为了有效地解决图书馆学理论和实践问题，人们在加强基础研究的同时，更加突出了应用研究。图书馆学应用研究在国家社会科学基金、国家自然科学基金以及省、部级项目中不断获得资助。以计算机信息处理技术为主体的图书情报现代技术研究已形成规模，其研究成果已得到了广泛应用，在应用中已产生了巨大的效益。

5. 关注方法论研究。研究方法的创新对理论创新常常具有革命性的意义。托马斯·库恩在其《科学革命的结构》一书中曾指出，范式的转换就是科学的革命，科学革命的发展过程就是一种范式经过革命向另一种范式逐步过渡的过程。

在科学史上，每门学科获得重大进展往往都与方法论的突破紧紧联系在一起。具体说来，从研究方法与路向上看，今后几年图书馆学研究仍将表现为"反思"、"批判"与"深化"的意识，持续对图书馆学研究范式、图书情报事业改革、图书馆职业伦理与核心竞争力、图书馆信息组织、知识管理、公共图书馆服务体系、数字图书馆等基本问题进行审视与新探。系统方法、数学方法、文献计量方法、移植法与比较法将会在图书馆学的一些新领域得到应用。就图书馆工作领域而言，由于人的行为的目的性与因果性的对立统一，也由于许多图书馆现象不确定性与确定性的对立统一，所以图书馆学研究应坚持采用定性与定量相结合、以定性为主要综合描述的方法。从趋势来看，关于图书馆改革的反思研究、关于图书馆转型的趋势研究、关于图书馆发展的比较研究、关于中国图书馆传统的历史研究，可能会成为今后一段时间的重要研究主题。

总起来说，图书馆学研究要坚持理论与技术相融合，开展跨学科的交叉研究；要坚持理论与实践相结合，面向实践，回答实践所提出的问题；要坚持基础研究和应用研究，逐步形成两者相互融合的研究格局。

以上陈述了我对推进图书馆学研究的一些看法，不知是否妥当。我的本意是做引玉之砖，引发更多的人思考此问题，共同促进中国图书馆学的繁荣昌盛。

图书馆人的学术责任 ①

　　《图书馆学理论的使命与担当——第六次全国图书馆学基础理论研讨会论文集》一书与读者见面了。其撰稿者大多是改革开放以来成长起来的新一代图书馆学人。我衷心祝贺这部著作的诞生。

　　这本论文集所反映的内容是丰富多彩的：有些内容是以前同类书籍中没有或很少提及的；有的论文将事实和数据寓于理论体系之中，使图书馆工作实践与图书馆学思想融为一体；有的作者在论文中引用了大量的研究文献，尤其是21世纪头10年的文献，这就使得这本书在内容上体现了我国图书馆学研究的新态势。这本书是一项凝聚着集体智慧的学术成果，它给人们的启迪应该是多方面的。现根据我对该书内容的领悟，就当代图书馆学人应担负的学术责任问题，简要地陈述以下看法：

　　第一，要进一步增强科研能力。科研能力包括五个方面：追踪并把握学科发展方向和前沿，判断并确定选题的能力；获取和利用各种科研文献的能力；确定正确的研究技术路线，

---

① 原文为2011年出版的《图书馆学理论的使命与担当：第六次全国图书馆学基础理论研讨会论文集》序言。

形成明确的科研课题的能力；进行开放式研究，与外部进行合作与交流的能力；较强的论文写作、论证能力。在选题确定后，作者还应在撰写过程中高度重视"论证"这个环节。应该在深入实际、调查研究的基础上，用有力的论证阐明自己的观点；要科学地论证前人已提出但未证实的观点；要提出新观点或新论点，填补研究领域的理论空白，或推动该领域的理论研究；并从新视角分析论证老问题。总之，应该做前人未做过的工作，创造出新的成果。

第二，要严谨治学，摒弃"简单化"。科学研究是一种复杂的思维活动，在图书馆学研究中，要严谨治学，摒弃"四个简单：简单移植，只是对他人方法的应用和重复；简单解释表面现象，没有深入研究事物发生、发展的内部关系和外部关系；简单延伸，只是进一步证实他人的研究工作；简单推理，只是采用一定的实验证实已知的结论。

第三，要重视理论创新。科研工作者的历史使命是创新。一项学术成果是否具有创新性可以从以下四个方面考察：在开拓研究领域方面是否具有创新性，在使用研究方法上是否具有创新性，在运用论证资料方面是否具有创新性，在阐述观点或理论方面是否具有创新性。具备任何一种形式的创新，都可以称得上是具有创新性的学术成果。

图书馆学理论创新应该注意学科发展中基础问题的解释，其中图书馆学的理论基础问题尤为重要。它是基础理论的逻辑起点，为图书馆工作实践提供最基本的理论指导。应该注意学科新框架的建构，为新的知识生长点提供可发展的空间。应该瞄准学科前沿性课题，密切关注应用领域的发展变化和存在难点，力求更好地贴近实践，努力解决实践中出现的现实问题。

第四，要更加关注应用研究。信息技术革命带来了新型的信息载体和信息服务手段。信息技术主要是计算机技术、远程通信技术。多媒体技术、高密度存储技术已大量应用于图书情报工作实践。图书情报工作必须研究信息技术才能跟上技术进步的步伐。21世纪头10年，在图书馆学情报学期刊中关于信息技术研究的论文比重不断上升。有关信息技术应用领域方面的问题主要包括：文献信息的可视化、数字图书馆的语音识别、信息资源管理系统、网络检索、搜索引擎、人工智能技术等。对信息技术广泛而深入的研究解决了图书馆学情报学学科体系面临的信息技术应用问题，使得图书馆现代化技术研究从自动化管理领域向数字化网络化方向推进了一步。很多研究人员开始从信息管理和信息服务的角度去认识图书情报机构，把图书情报机构置于社会信息系统的大框架中去研究它的本质、职能、属性和社会定位，表现出难能可贵的探索精神。历史和事实都已经证明，唯有探索才能使一门学科有所发展。正是图书馆学情报学领域中的科学探索行为，在信息技术革命的推动下促进了本学科体系的变化与发展。

第五，关注方法论研究。研究方法的创新对理论创新常常具有革命性的意义。在科学史上，每门学科获得重大进展往往都与方法论的突破紧紧联系在一起。文献研究表明，数十年来，各国图书馆学界采用的主要科研方法有：思辨方法，即从概念出发，讨论图书情报工作的基本规律；调查方法，即通过调查统计寻找问题的答案；历史综述法或系统设计方法。其他科研方法包括：文献研究方法、案例研究方法等。最近 10 年来，系统方法、数学方法、文献计量方法、移植法和比较法也在图书馆学一些新领域中得到应用。

我们还应该看到，信息技术的应用促进了图书馆学研究方法的变化。例如，由于现代信息技术与图书馆学研究日益紧密地结合，信息系统的开发必然大量地运用系统分析，设计和试验的方法，又如，对用户需求的研究涉及行为分析、心理分析。越来越多的图书情报专业人员重视文献调查、用户信息调查、统计分析等方法。

图书馆学的发展与其科研方法的演进是分不开的。除了传统的调查研究方法，应该根据研究任务的需要，采取实验法、数学方法、统计分析法、比较研究法等新的研究方法。如何进一步完善图书馆学方法论体系，我想这将是 21 世纪图书馆学研究的任务。

第六，关于跨领域或跨国的研究合作。面对信息传播和信息交流日益一体化，信息政策的制定、商业行为的规范、知识产权、信息安全、信息的国际交流与图书馆的国际合作项目、信息的国际法环境及标准化等议题，已不是一个国家或一门学科就能解决的，而是需要世界各国同人积极参与的，跨领域、跨国界的共同合作已是大势所趋。因此，中国的图书馆学人应立足国情，放眼世界，密切关注世界图书馆学研究的主体，积极参与国际图书馆学学术研究活动，努力将自己的研究成果推向国际，使图书馆学研究在国际合作中走向世界。

新一代图书馆人的学术素养^①

学术素养包括学术理想、创新意识、科研能力、学术品质等方面。从《中华人民共和国学位条例》的制度规定和社会现实需求来看，学术素养的培育是博士生教育的重要内容，也是提升博士生教育质量的重要环节。作为新一代图书馆学人，应该在本门学科上掌握坚实宽广的基础理论和系统深入的专门知识，具有独立从事科学研究工作的能力，在科学和专门技术上做出创造性的成果。作为教育工作者，特别是博士生导师应该坚持学术本位，从学术导向的角度出发，引导博士生忠于学术，专于学术，精于学术，增强博士生学术素养。

一、培养学术理想

学术理想是一种信念，它决定了一个人在追求学术的人生征途中努力的方向。要树立宏伟的学术抱负，立志站在自己学科领域的前沿，为学术的繁荣发展服务；要做好艰苦奋斗的准备，坚决摒弃投机取巧和急功近利的思想，将学术自

---

① 原文为在2012年全国图书馆学博士生学术论坛上的讲话。

律和学术规范深植于心中，多维度在年轻学者中营造良好的
学术氛围，为做出优秀的学术成果奠定扎实的思想基础。

二、增强创新意识

创新意识是一种主动的、积极的、勇于探索的思想状态
和精神风貌，是科学研究的出发点和内在动力。所谓创新不
是凭空幻想，而是在学术和积累知识基础上的超越和创造。
知识的积累和学习过程，是研究者形成创新性研究成果的必
由之路。要通过对基础理论和学术本源的研究和把握，形成
良好的科学研究方法和习惯，从而在厚重的学术积累的基础
上，及时追踪最新的学术研究成果，准确地把握学术研究的
主线。

三、提升科研能力

科研能力的提升，当前应注意两个方面的价值取向：其
一是现代研究方法的运用。方法是研究的基础，是人们在从
事科学研究过程中不断总结、提炼出来的行之有效的研究范
式，是在研究中发现新现象、新问题，或提出新理论、新观
点，揭示事物内在规律的工具和手段。在信息技术高速发展
的今天，正确选择和使用研究方法是完成高水平研究的重要
保障。好的研究成果不只是语言陈述，而是建立在现代研究
方法基础之上的完整的逻辑体系。为此，掌握并能熟练应用

现代的科学研究方法，也是提升自己科研能力的必要手段。研究方法一方面来源于理论学习。理论和方法具有互动和互构的关系，理论在向人们提供一系列命题的同时，也向人们提供了形成命题及命题系列的思想方法，因此具有作为研究方法的工具性功能。研究方法另一方面也来源于哲学思辨、科学与逻辑方法，实务型的统计学方法和计量分析方法等，现代研究方法往往是在此基础上形成的方法论体系。其二是多学科交叉融合，学科交叉融合有利于出创新型思维、出复合型成果、出创新型人才。如果没有不同知识领域和技术之间的交叉融合，任何单一的领域或技术都不可能占领制高点。现在大家都知道交叉融合的重要性，也都在积极尝试学科交叉与跨学科交流。在科学技术发展趋势更加趋于融合的今天，我们应该看到优势学科已初步搭建了一个多学科交叉、团队协同创新的平台，有必要探索多学科融合发展的模式，使弱势学科依托优势学科得到进一步发展，从而做出高水平的科研成果，孵化出一批高层次、高水平的专门人才。

四、提高学术品质

学术品质是学术素养的重要方面，学术高品位是新一代图书馆学人所追求的目标。20世纪90年代中期以来，中国的图书馆学研究呈现出两大热点：一是数字图书馆开发，二是网络信息资源组织与管理，并由此引发出一系列相关问题的研究。这些研究主要从理论和技术两个层面上展开，呈现出以下三种发展趋势：一是理论与技术融合的趋势，二是跨学科研究的趋势，三是理论与实践相结合的趋势，应用特征不断加强。这预示着建立在实践基础之上的图书馆学，将在理论与应用之间搭建一种有效的平衡发展关系。以上是从宏观方面保障高端学术品位的方法和途径。学术的高品位还应清除学术浮躁的侵袭和虚假学术现象。在学术研究中，国外学术思想的引进和其他学科理论、原则和方法的移植无疑是必要的。然而，这种学术引进和移植，必须坚持严肃认真的科学态度和严谨的学术作风，必须建立在对相关理论和思想深入研究的基础之上。那种以急功近利的心态进行的所谓"研究"，不可能具有什么科学价值，更不可能形成系统且具有实践指导价值的理论体系。

五、建立开放型思维方式

当代图书馆学人应建立起开放型思维方式，这一科学的思维方式是以解放思想、超越自身有限经验的局限为前提的。知识没有国界，不能闭门造车，需要纵向继承，横向借鉴。尤其是在全球化的今天，我们必须具有国际视野，具备跨文化研究的能力，接受不同文化的熏陶，接触学科前沿和国内外最新学术成果。学术视野拓宽了，思路才能开阔，才能做出国际水准的高水平研究成果。

《池边旧墨痕》序①

褚树青是我相识多年的一位"小"朋友，在图书馆界的各类会议、研讨中，经常见面，多有愉快的碰撞与交流，此次他约请我为他的文集写序，我也就欣然领命。

近几年来，我国公共图书馆事业迎来又一个生机盎然的春天，这得益于一批新生代馆长的出现，他们拥有更多元更完备的信息收集渠道，对时代潮流有着独特的敏锐性，能够站在大文化的高度来观察和思考图书馆事业的未来走向。树青是这群年轻人中的一员，也是其中的拔萃者。

文集的上篇是他对公共图书馆服务体系建设思考的集中反映，从中能看到一位现代图书馆馆长所具备的实践经验、战略眼光和世界高度。在"公共图书馆服务体系建设"这个严谨的命题中，我们能够深刻感受到，树青对中国国情和图书馆事业发展二者之间关系的把握与融通尤为到位，这也就赋予了学术本身以更强劲的生命力。

文集的中篇主要收录了树青在20世纪最后的10年里所撰写的与古籍和地方文献有关的著述，共计11篇。数量不多，但基本上可以全面地反映出著者在此领域内的涉猎与成果：

---

① 《池边旧墨痕》，褚树青著，上海科技文献出版社2014年出版。

史论、版本、文献服务。其中，《西湖文献概述》和《民国杭州旧书业》二文，或可认为是扛鼎之作。

《西湖文献文化》收录于《西湖文化》（西泠印社 2005 年版）。《西湖文化》是杭州市政协集结当时城内文史之翘楚所著，也可能是至今为止对杭州文化脉络最具系统性和总结性的学术文集。《西湖文献文化》与全书定位一致，虽只万余字，但构架完整，史料充沛，一气呵成，勾勒清晰。

2005 年的时候，生活·读书·新知三联书店出版了《旧时书坊》，该书封底摘引了四段对旧书业论述最具代表性的文字，依次为郭子开的《琉璃厂的古旧书店》，许嘉璐的《中国书店五十年》，褚树青的《民国杭州旧书业》和周越然的《余之购书经验》。当时树青不过四十来岁，便以此文俦列方家。

至于《黄跋古籍四种过眼存记》，是树青应西泠印社拍卖行 2012 年古籍拍卖专场之约请而作，此文算是树青在古籍论著方面停笔 6 年后的又一次发力。文之末尾，他如是写道："江南 6 月，暑湿交并，常使人惆怅！披阅书影，神游古今，想 200 来年前，黄丕烈先生'闲窗枯坐，虽浓云密布，天意酿寒，清冷之致，然校书自得'，内中南山心境，林下之乐，又岂是'窗竹萧森烛影孤'所能述也。"《黄跋古籍四种过眼存记》是作者多年积累的又一次思想井喷，无论笔法、章法、文法，均显现出强烈的个人风格。这应该与树青早年颇得老一辈古文献工作者垂爱有关，经年的熏陶，必得出深厚的积养。

文集下篇大致囊括了 2000 年之后，他在较为放松的状态下所作的散文随笔。此间文字，当如其人。它们给予我的阅读快感，不仅仅是极具个人特色的行文风格——那种"陌上花开，缓缓归"的温良与笃定；更因为字里行间中，对材料的组织，对观点的表达，都能看到"人"的存在，能感受到历史洪流之下的思辨。如《〈宋宝罗篆刻毛泽东诗词印谱〉序》《〈迁徙的人生——杭州知青纪实〉序》等小文，措辞莫不真情实意，低调内敛，笔寄春秋。

把文集的三部分打通了看，能看到树青的三个样貌：强硬的改革者，儒雅的文人，社会的人。但无论身处哪种角色，使用哪种话语，都令人深切感受到他对世俗的认同与融入，他将目光投射于下，在广阔的社会中，汲取能量，反哺自身。

如果一定要将序言的主题定位在图书馆学的角度。那么我想，一个好的图书馆工作者，首先就应该做到"接地气"。这一点，树青用他的文字，证明了。

回顾与展望

在"2005年中国信息资源管理论坛"大会上的发言

2005年中国信息资源管理论坛，是中国人民大学信息资源管理学院和中国社会科学院文献信息中心联合举办的一次重要的学术活动。为了进一步落实党中央、国务院关于加强信息资源开发利用工作的重要指示，加强对信息资源开发利用工作的研究，推动国家信息资源产业的发展，举办"2005年中国信息资源管理论坛"有着重要的理论意义和现实意义。

信息资源是现代化社会最重要的战略资源，信息资源的开发利用水平已经成为一个国家综合国力的重要标志，是一个国家经济发展和社会进步的重要保证。在我国加入WTO以后，国内企业将直接地、全面地面对国际市场的全方位竞争，企业之间的竞争态势除了人才竞争、产品竞争之外，更多的是信息资源开发利用的竞争。我们还应该看到，信息资源与经济活动相结合，使信息资源具有很强的渗透性，可以广泛地渗透到经济活动的方方面面。同一信息资源可以作用于不同的对象上，并可以产生不同的经济效果。人们通过对信息资源特性以及对信息成本、价值的研究，发现信息具有完备的经济属性，从而在理论上确立了信息资源作为经济资源的重要地位。

信息资源可以转化为信息产品，信息产品逐步商品化，实现了信息商品的价值，积累了扩大社会再生产所需的资金，直接创造了社会财富和经济效益。信息资源作为一种无形的寓于其他要素之中的非独立要素，通过优化其他要素的结构和配置，改善生产关系与上层建筑的协调性，可以促进社会生产力的发展。

在管理活动中，信息资源具有提高管理水平和管理效率的功能，现代化管理职能的实现都必须依靠与利用内部和外部的信息资源。信息资源的有效开发与利用可以加强对生产过程的控制，降低经营成本，有效地开展营销活动；可以减少决策失误，提高管理效率。信息资源目前已被广泛应用于人类选择与决策活动的各个环节，对优化选择与决策行为、实现预期目标起着重要的导向作用。

利用信息资源改造传统产业，快速地采集、传输和处理信息，把国家的物质资源与信息资源有机结合并优化配置，是国家经济发展和社会进步的关键，是提高国家核心竞争力的根本途径。

本届论坛的主题是"信息资源的开发利用"，这是一个内涵深刻、外延宽广的研究课题，我上面仅从宏观角度谈了信息资源开发利用对我国经济发展和社会进步的战略作用，认识浅薄，欠妥之处，请与会专家、学者批评指正。

在《中国图书馆学报》创刊50周年座谈会上的发言

作为编委，我感到荣幸，但我做事不多，因而又有一种愧疚感。不过我也因此对《中国图书馆学报》很关注，除每期必读外，有时也对发文作一些分析，偶尔也提出一些意见或建议。

我对《中国图书馆学报》总的看法是：20世纪80年代前，她的风格是凝重而深奥的，是比较传统的；改革开放后，她的风格发生了变化，发文在变，栏目在变，作者在变，读者也在变。到了90年代中后期，乃至21世纪初，《中国图书馆学报》变得丰满了，选题新了，内容实了，范围广了，研究深了。如今她已被广大读者誉为"中国图书馆学第一刊"。这一评价是恰如其分还是过分赞誉？依我看属于前者，有以下事实可为佐证。

在北京大学图书馆编撰的《中文核心期刊要目总览》（2004年版）中，《中国图书馆学报》在图书馆学情报学核心期刊表中名列第一。

北京万方数据公司提供的《中国学术期刊综合引证报告》表明，在图书馆学情报学期刊被引频次分类排序表中，《中国图书馆学报》的影响因子位居第一。

南京大学中国社会科学研究评价中心研制的《中文社会科学引文索引》（*Chinese Social Sciences Citation Index*，CSSCI）1998—2002 年的数据表明，《中国图书馆学报》被引总次数和每年的影响因子都稳居首位。

中国社会科学院文献信息中心文献计量学研究室编制的《中国人文社会科学核心期刊要览》（2004 年版）中，图书馆学情报学核心期刊入选 14 种，《中国图书馆学报》排在首位。

《中国图书馆学报》基金论文刊载量居图书馆学情报学期刊的首位。1995 年至 2004 年，《中国图书馆学报》共发行 60 期，累计载文 1336 篇，其中含国家社科基金、国家自科基金、国家杰出青年科学基金等资助的课题论文 297 篇。这充分反映了《中国图书馆学报》在我国图书馆学情报学领域中的权威地位。

在国际上，《中国图书馆学报》已被许多著名的检索类期刊，如《乌利希国际期刊指南》（*Ulrich's Periodicals Directory*）、《图书馆文献》、《最新连续出版物题录》等收录。

《中国图书馆学报》获得如此高的学术地位和广泛的社会影响，是与她的历届主编、副主编具有前瞻视野、胆略谋识、励精图治、锐意创新密不可分的。我们应该记住丁志刚、左恭、舒翼翚、鲍振西、马同俨、袁咏秋、周和平、孙蓓欣、黄俊贵、刘湘生、丘峰、刘喜申，以及现任主编詹福瑞、李万健等为办好《中国图书馆学报》所付出的艰辛和所做出的贡献。

经过几代人半个世纪的耕耘,《中国图书馆学报》取得了巨大进步：她已被定为国家级核心期刊、中国期刊方阵期刊，并荣获国家期刊奖之百种重点期刊奖。取得这么大的成绩，实在可喜可贺。但是，过去的成就只是今天的起点。希望《中国图书馆学报》坚持学术为先，严谨求实，开拓创新，再铸辉煌。

在纪念中国图书馆学会成立30周年座谈会上的讲话①

各位领导，各位同志：

1979年7月9日，中国图书馆学会在山西省太原市宣告成立。这是中国图书馆事业发展史上具有重要意义的事件，它结束了新中国成立后30年无图书馆学会的历史，使1925年成立的中华图书馆协会的学术精神和历史传统得到延续和传承；同时也是中国图书馆学会"立足中国，走向世界"的开始。

30年来，中国图书馆学会始终坚持正确的办会方向，按照学会章程，遵循党和政府制定的方针政策，全面推进学会的各项工作，开创了学会工作的新局面。

1980年8月，丁志刚和梁思庄两位副理事长应邀与国际图联主席和秘书长在菲律宾首都马尼拉商议恢复中国图书馆学会的国家协会会员席位问题，双方经过谈判达成了坚持"一个中国"的共识，签署了八点协议。1981年5月，恢复了中国图书馆学会作为中华人民共和国在国际图联唯一合法

---

① 原文为在2009年7月7日纪念中国图书馆学会成立30周年座谈会上的讲话。

代表的合法席位。这是中国图书馆学会起锚远航、走向世界、逐渐融入国际图书馆大家庭的起点。

1993 年 8 月，中国图书馆学会常务理事，北京图书馆副馆长孙蓓欣当选为 IFLA 执行委员，成为国际图联中第一位中国执委。在此以后，吴建中、张晓林、朱强相继在国际图联中担任这一职务，这标志着中国图书馆国际地位的提高。

1996 年 8 月，国际图联第 62 届大会在我国首都北京隆重召开。大会云集了来自世界 90 多个国家和地区的 2600 多名代表，围绕"变革的挑战：图书馆与经济发展"这一主题，交流了工作经验，研究了学术问题，分析了图书馆在各国经济和社会进步中具有的独特优势和重要作用，共同探讨了图书馆迈向新世纪所面临的问题与对策。大会通过交流论文、切磋学术、参观考察，既充分展示了我国图书馆事业蓬勃发展的成就，又为我们创造了与世界各国图书馆界同行相互交流和合作的机会。国际图联第 62 届大会在我国的成功召开，至今仍留在广大图书馆工作者的记忆之中。

在开展图书馆学研究方面，中国图书馆学会从 1999 年到 2008 年先后举办了 9 届年会和多次国际性、全国性专题学术研讨会。在研究过程中，图书馆学研究者充分意识到理论研究不能脱离中国图书馆事业的实践和现实，更加关注对宏观现实问题的研究，如图书馆事业发展战略研究、图书馆改革、图书馆现代化建设、图书馆网络、图书馆资源建设、图书馆法、数字图书馆等，相继出版了《跨世纪的图书馆改革与建设》《21 世纪图书馆新论》《知识经济时代：图书馆的生存与发展》《图书馆与经济发展》《特色图书馆论》《数字图书馆》《联机环境中的情报检索语言》《DC 元数据》等。

中国图书馆学会30年的发展，留给我们许多思考和启示，促使我们解放思想，克服传统意识，更新观念，迎接时代变革的挑战。2009 年 7 月 7 日，第八次全国会员代表大会就要开幕了，我相信这次会员代表大会所产生的新一届中国图书馆学会理事会以及它的常务理事会，一定会奋发努力，团结一致，携手共创图书馆事业的新辉煌。

我所了解的国家图书馆出版社 [①]

国家图书馆出版社，是文化部主管、国家图书馆主办的中央级出版社，也是中国图书馆界唯一的中央级专业出版社。她成立于1979年2月，迄今已走过了30年的历程。

建社30年来，国家图书馆出版社以"继绝存真，传本扬学"为己任，以"打造专业品牌，服务学术研究"为宗旨，在整理影印中文古籍和各种稀见图书文献，编辑出版图书馆学和信息管理科学著作，出版各种书目索引等中文工具书，承担"十五"与"十一五"国家重点图书出版规划项目等方面，都做出了令世人瞩目的成绩。

为庆贺国家图书馆出版社（简称"国图社"）创建30周年而编撰的《国家图书馆出版社图书馆学情报学著作提要（1979—2009）》，全面展示了改革开放30年我国图书馆界的学术成果，发掘了当代中国图书馆人的学术思想，彰显了中国图书馆学者孜孜以求的治学精神。这本提要式的书目，不仅可以帮助人们具体而直观地了解专业图书的出版情况，而且也是国图社出版人打造专业品牌、服务学术研究的真实记录。

---

① 本文是作者在2009年7月18日庆祝国家图书馆出版社成立30周年座谈会上的发言。

作为我国出版图书馆学方面书籍较早的出版社之一，国家图书馆出版社策划、编辑、出版了近千种专业图书，其中有一批著作具有较高的学术水平和应用价值，例如"当代中国图书馆学研究文库"（第一辑、第二辑）、《现代图书馆学理论》、《文献分类法主题法导论》、《中国图书情报网络化研究》、《当代图书馆学情报学前沿探寻》、《图书馆学概论》、《图书馆学新探》、《元数据研究与应用》、《网络环境下的著作权与数字图书馆》、《网络信息组织：模式与评价》、《图书馆数字参考咨询服务研究》、"20世纪中国图书馆学研究文库"、《中国阅读文化史论》、"数字时代的图书馆丛书"（全7册）、《图书馆创新服务战略研究》、《图书馆知识管理研究》、《中文元数据概论与实例》、《网络信息传播的自律机制研究》、《信息检索教程》、"信息管理科学博士文库"等。

多年来，国家图书馆出版社不断推出优秀书稿和精品力作，努力提高原创出版水平，保障出版物的高质量。据粗略统计，国家图书馆出版社有40种优秀著作荣获国家科学进步奖一等奖、中国高校人文社会科学研究优秀成果二等奖、全国普通高等学校优秀教材二等奖、文化部文化艺术科学优秀成果一等奖以及其他省部级奖项，这表明国家图书馆出版社已经成为我国诞生图书馆学优秀著作的重要殿堂。

在长期的编辑出版实践中，国家图书馆出版社在策划、编辑、出版图书馆学书籍方面已形成了自己的特点，具体表现在两个方面：

一是突出学术性。出版与学术有着先天的联系，彼此血脉相连，共生共荣。学术是出版的不竭动力，出版是学术得以薪火相传的手段和途径。为了突出学术性，国图社的出版人高度关注有哪些专家在哪些领域进行了富有成效的研究，当前图书馆学有哪些值得关注的学术热点。在策划图书馆学的选题时，他们首先考虑的是学术性，因而使很多图书馆学著作的重印率和再版率不断提高。

二是注重应用性。学以致用是现代科学孜孜以求的重要目标，在瞬息万变而又注重实效的信息时代，学以致用更是受到全社会的瞩目。图书馆学要繁荣发展，就必须应用于实践，服务于社会。应用性是国图社出版人在策划图书馆学选题时认真考虑的一个重要因素，他们从"理论—策略—技术"三个层面把图书馆学理论、方法与图书馆生存、发展的实际结合起来，注重对当前图书馆事业发展的指导作用。在这方面，国家图书馆出版社不断推出应用性强的深受图书馆界赞誉的好书，例如《中国图书馆图书分类法》、《特色图书馆论》、《中国古籍装订修补技术》、《中国分类主题词表标引手册》、"图书馆学情报学知识"丛书、《中国机读目录通讯格式》、"现代信息管理"丛书、《中国图书馆年鉴》、《常用社科文献信息源》、《e 印本文库（e-print archive）建设与应用——开放存取运动典型策略研究》、《中国古籍修复与装裱技术图解》、"图书馆文献采访工作手册"系列丛书、《MARC 21 规范数据格式使用手册》、《MARC 21 书目数据格式使用手册》、《图书馆质量评估体系与国际标准》、《图书馆读者服务的艺术》、《覆盖全社会的公共图书馆服务体系：模式、技术支撑与方案》、《城市图书馆集群化管理研究与实践》、《公共图书馆规划与建设标准解析》、《国外公共图书馆建设标准与规范概览》等。

改革开放以来，越来越多的国外图书馆专家"走进来"讲演、发表论文和专著；越来越多的国人"走出去"，走入IFLA 各专业委员会，走上国际图书馆论坛，在国际期刊上发表论文，国际合作与交流是推动我国图书馆学科发展和事业进步的重要动力。随着社会形态的变迁，媒介环境的变革以及受众接收习惯的潜移默化，国外图书馆学原有的学科体系内的各个分支领域都在结合新的命题展开新的研究。国图社出版人根据这一新的发展态势，组织翻译出版了一批国外著作，例如《比较图书馆学概论》（J. 珀利阿姆·丹顿著，龚厚泽译，陈鸿舜校）、《计算机化图书馆系统引论》（L. A. 特德著，史鉴、阎立中等译，孟广均、沈迪飞校订）、《图书馆建筑的计划与设计》（G. 汤普逊著，于得胜、顾敬曾等译，吕樾校订）、《缩微复制》（W. 萨法迪著，吴则田译，石渤校）、《普通图书馆学》（O. C. 丘巴梁著，徐克敏、郑莉莉、周文骏译）、《图书馆藏书》（斯多利亚洛夫、阿列菲也娃著，赵世良译，李修宇校）、《情报检索系统——特性、试验与评价》（第二版）（F. W. 兰卡斯特著，陈光祚、王知津、王津生译）、《图书馆自动化系统》（斯蒂芬·R. 萨蒙著，胡世炎等译，司徒毅校）、《图书馆管理》（罗伯特·D. 斯图亚特、约翰·泰勒·伊斯特利克著，石渤译）、《冒号分类法理论与实践》（塞克德瓦著，吴人珊译）、《图书馆学研究的科学基础》

（B. C. 克列伊坚科著，何士彬译，钮菊生校）、《参考工作导论——基本参考工具书》（W. A. 卡茨著，戴隆基、奚钢、夏云等译）、《图书馆统计学基础》（I. S. 辛普森著，崔巍、崔岳译）、《图书馆学研究方法——技术与阐述》（C. H. 布沙、S. P. 哈特著，吴彭鹏译，王津生校）、《图书馆藏书剔除》（斯坦利 . J. 斯洛特著，陶涵彧、庄子逸译，岳良木校）、《图书馆学五定律》（阮冈纲赞著，夏云、王先林、郑挺等译，侯汉清校）、《西方图书馆史》（M. H. 哈里斯著，吴晞、靳萍译，潘永祥校）、《21 世纪国会图书馆数字战略》（美国国会图书馆信息技术战略委员会等著，蒋伟明、苑克俪译）、《引文索引法的理论及应用》（尤金·加菲尔德著，侯汉清等译）等。上述译著，在我国图书馆界产生了广泛而深刻的影响。

综览国家图书馆出版社编撰的《国家图书馆出版社图书馆学情报学著作提要（1979—2009）》，我深刻地体会到：改革开放 30 年，是国家图书馆出版社解放思想、开拓创新、奋力探索的 30 年，是国图社出版人攻坚克难、扎实工作、无私奉献的 30 年。30 年来，国家图书馆出版社一直牢记着他们的社会责任和文化使命，是图书馆学信息管理科学著作的摇篮。"为图书馆服务"是国家图书馆出版社留给我和广大读者最深切的记忆。我衷心希望这样的记忆能够持续到永远、永远。

在庆祝北京大学信息管理系成立70周年大会①上的致辞

今天我们在这里隆重集会，庆祝并纪念北京大学信息管理系成立70周年。我代表北京大学信息管理系全体教师，欢迎并感谢海内外嘉宾、老师与同学们光临北大，参加并指导本次系庆学术活动。

北京大学信息管理系的前身是北京大学图书馆学专修科，1956年改为4年制图书馆学系，1987年拓展为图书馆学情报学系，1992年由图书馆学情报学系改为信息管理系。该系始建于1947年，是王重民先生在时任北京大学校长胡适先生的支持下成立的。这是我国自己创办的、长期坚持办学的图书馆学专业教育机构之一。自20世纪中期开始，王重民、刘国钧、赵万里、袁同礼、于光远、傅振伦、王利器等一批著名学者先后在本系任教或授课，为学科的发展和壮大奠定了专业基础。20世纪50至60年代，本系除招收本科生外，还招收了研究生和函授生，为新中国图书馆事业培养了数千名高专人才和业务骨干。改革开放以来，本系的学科和专业逐步

---

① 北京大学信息管理系成立70周年大会于2017年9月23日在北京大学英杰交流中心阳光大厅举行。

扩大：1981 年获得图书馆学硕士学位授予权，1984 年设立了科技情报专业，1986 年获得情报学硕士学位授予权，1990 年获得图书馆学博士学位授予权，1998 年获得情报学博士学位授予权；课程体系和结构不断完善，教学内容不断更新，教学手段日益现代化，成为国内外知名的图书情报教学和科研单位。目前在专业设置方面，本科有信息管理与信息系统、图书馆学两个专业；硕士有图书馆学、情报学、编辑出版学三个专业和出版硕士专业学位授权点（MP），图书情报硕士专业学位授权点（MLIS）；博士有图书馆学、情报学、编辑出版学三个专业；此外，本系具有"图书、情报与档案管理"一级学科授权点和博士后流动站。

在科学研究方面，从 2014 年 4 月开始，我们先后成立了图书馆发展研究室、文献与出版研究室、信息系统研究室、信息组织与信息设计研究室、情报分析研究室、信息行为研究室。成立这六个系属研究室的目的是加快学科交叉融合，促进学术交流，培育学科新的知识生长点，更好地统筹安排全系的科学研究和学科建设工作。最近几年，本系还加强了图书馆法治研究和公共文化服务研究，先后主持全国人大教科文卫委员会委托的公共文化服务保障法立法研究和文化部项目公共图书馆法立法支撑研究，编辑出版了一批具有较高理论水平和实用价值的著作，受到有关领导的好评。

本系自创建之日起，就始终关注并逐步建设一支优秀的教师队伍。他们或从国外留学归来，或具有深厚的国学根基，为本系构建了坚实的学术基础。现在，一批中青年教师已经成长起来，他们中大多数都有海外求学的经历，受过良好的专业学历教育和严格的学术训练，已成为我国图书、情报、出版学术界具有一定影响力的专家学者。他们锐意进取，秉承求真务实的学术传统，爱岗敬业的工作作风，成为我们系教学与科研的骨干力量。近几年来，本系教师聘用向国内外开放竞争，择优选用一流人才。这件大事我们还要继续做下去，努力做得更好，这关系到我们系的未来。

本系注重教学质量的提高，重视教学网络化，课件多媒体化。这些年，我们严格控制招生数量，追求高水准的教学质量，注重理论与实践结合，专业课与文化课并重，学生的知识基础比较扎实，有很好的发展潜力。在本科层次，我们遵照"加强基础，淡化专业，因材施教，分流培养"的方针，努力培养高素质、有创新能力的本科大学生；在硕士生层次，我们着重培养引领型并具有较强实践能力的专业应用人才；在博士生层次，我们注重理论素养的培育，着力培养具有独立从事创新性研究的专门人才。

北京大学信息管理系已经走过了 70 个春秋，现在学科专业较为齐全，办学层次比较完整，毕业生具有很高的社会声誉。在系庆盛事来临之际，我作为一名老教师，不仅为北京大学信息管理系坚韧而成功的办学历程而欣喜，也为它在教书育人和科学研究上所达到的较高水平而感到自豪。在北京大学这样一所人才辈出、最负盛名的高等学府里，母系能够挺立而不断前行，为学子们所向往，为社会所崇敬，这是值得我们欣慰的，并由此而产生了一种潜在的正能量。这种力量激励着我们去思考、变得更加自信，然后前行，不断前行。当前，随着新一代信息技术的发展和信息环境的变化，我们又面临着诸多挑战，北大信息管理系将以学科建设为龙头，以教学改革为动力，以科学研究为重点，进一步优化人才的培养，增强创新能力，提升科研水平，努力走出具有北大特色的新路径，在"双一流"建设中，在校党委、校行政领导下，我们团结起来加油干，踏踏实实抓学科建设。

为助力北京大学信息管理系的发展，我们有三点希望：一是希望各级领导、国内外同行给予关心和爱护；二是希望海内外的系友给予支持和监督；三是希望精英学子与有志青年加入我们这个行列，成为信息管理学科的探索者和实践者。我相信，北大信息管理系的明天会更加美好，更加繁荣昌盛。

师生情

我心目中的吴慰慈先生

初识恩师　憧憬北大

1980 年，北京大学图书馆学系恢复了函授教育，首先在东北几个省招生。当时我在吉林省白城师院图书馆工作。消息传来，我十分高兴，希望通过函授学习来掌握图书馆学的专业知识。函授专修班第一堂面授课就是吴慰慈老师主讲的"图书馆学基础"。年轻英俊、倜傥儒雅的吴老师在讲台上声若洪钟，侃侃而谈。他结合自己在天津图书馆的工作经验，以案例教学的方式深入浅出地讲述课程内容。那丰富的专业内容，严谨的逻辑，顷刻之间便把我引入了图书馆学的殿堂。

在函授班的课堂上，望着讲台上专心讲课的吴先生，我禁不住心驰神往——有朝一日若能进入北大校园，在未名湖畔，在博雅塔下，聆听吴先生对专业理论的深入阐释，那该是多么幸福的事啊……

暗下决心　追随恩师

1987 年，"全国文献布局学术研讨会"在广西南宁召开，我写了一篇应征论文参加了会议。令我十分意外的是，那位可敬的会议主持人居然为我提供了在会议上发言、介绍自己论文的机会。更使我想不到的是，会间休息时，吴先生找到我，就我的文章与我十分认真地讨论了起来。

当时，吴先生已经是国内著名的学者，而我不过是他一个普普通通的学生。看着他那专注的神情，我深深感受到吴先生孜孜以求的敬业精神和严谨的学者之风。我暗下决心——日后只要有机会和可能，一定要追随先生，在图书馆学理论研究上做出自己的努力。

济南重逢　确定方向

1996 年，吴先生来到济南为北京大学和山东省图书馆合作开办的图书馆学专业函授班授课。当时我在济南市图书馆工作，得知吴先生来到济南，就去宾馆看望。师生见面简单寒暄后便转入正题，谈起了当时图书馆学研究所面临的现实问题。

当时，北京大学图书馆学系已更名为信息管理系。实际上，同期也有几家高校图书馆学系对系名进行了调整。面对这一现象，我和吴先生讨论了隐藏在其背后的理论意义。在吴先生的指点和启发之下，我认识到，相关院系名称的更改，不仅意味着专业设置和教学内容的调整，而且意味着在人类社会从工业时代走向信息时代的历史转型中，传统图书馆的社会地位与社会功能必然发生相应的历史演变。因此，为这种历史转型和历史演变做出合理与科学的理论诠释，为图书馆学传统的藏书建设、文献资源建设与管理突破现有的专业壁垒，走向内涵更为广阔、内容更为丰富的信息资源建设构建起相应的理论与专业应用技术体系，就是当代图书馆学研究不能回避的学科建设和理论建设任务。

从此，我便把传统图书馆学如何实现向现代图书馆学的历史转型，图书馆事业如何实现从图书文献管理中心向社会信息资源管理中心的历史跃迁作为自己的学术研究任务和理论探索方向。

北大圆梦　理论探寻

2000年，我走入燕园，正式成为吴先生门下弟子，自己多年的求学北大之梦，终于梦想成真。在吴先生的悉心指导之下，我围绕传统图书馆学如何实现向现代图书馆学的历史转型这个课题，完成了几篇在国内小有反响的文章。我的博士论文选题《信息资源价值研究》也非常具有挑战性。一方面是自己年近半百在职读博，时间和精力有限；另一方面是这种基础理论研究型选题可供借鉴的成果不多。尽管如此，吴老师还是非常尊重我的选题，不仅定期与我研讨，还帮我联络曾任美国图书馆联合会（ALA）主席的美国加州大学洛杉矶分校教育与情报研究生学院的贝弗莉·林奇教授让我去美国访学。在吴先生的精心指导之下，我的这一理论难度较大的学位论文得以顺利完成。吴先生在学术探索上对自己学生的尊重、鼓励和支持，正是蔡元培校长"学术思想自由，兼容并包"办学主张在新时代的体现。吴先生以其特有的学术魅力，深深地影响着他的每一位学生，在润物无声的潜移默化之中，完成了对学生学术人格的塑造。

传道授业　守望文明

四十余年的师生情谊，四十余年师生之间的学术交往，使我深感吴先生不仅是一位传道、授业、解惑，重视学术传承的良师，还是一位在事业、生活和人生各方面对自己的学生无微不至关怀的长者。尤其让我感受深刻的是，吴先生在处理导师与学生的关系上，对不同学生各自在学术上潜在优势的准确把握与尊重，重视每个学生学术专长的有效发挥不仅是他学术人生中极具个人学术特质的学术品格，同时也是他高尚人格的充分体现。

2010 年，当我从河北大学管理学院退休时，已在图书馆学教学岗位上执教 13 年。这 13 年是我此生 30 余年图书馆职业生涯中最难忘，也是最值得终生铭记的岁月。图书馆是文明的记忆，是珍藏人类文明精神成果的圣殿，是人类社会开发和利用信息资源的社会中心。我们这些图书馆学学者和图书馆事业建设者，就是这座文明圣殿和信息资源中心的理论建设和守望者。

吾爱吾师，更爱吾师奉献终身的图书馆学和图书馆事业。

2000 级博士生　杨文祥
2023 年 7 月

一朝沐杏雨，一生念师恩

2023年7月初，谷秀洁师妹在师门微信群里发了一个消息，大意是近期国家图书馆出版社准备为恩师吴慰慈老师出本书——《与图书馆学携手一生——吴慰慈图书馆学文集》，请同门们收集一些珍藏的照片，撰写一篇随笔。看到消息后，我立即行动起来，从移动硬盘中存档多年的文件夹里找出和吴老师相关的代表性照片，与此同时，也打开了思绪的闸门。

自从2004年师从吴老师，至今已将近20载，存留的照片也是相当可观。时间、场景、人物虽然都在变迁，唯一不变的是照片中的吴老师一如既往的儒雅、和蔼，如同每次和吴老师见面、通话的感觉。作为吴老师的学生，除了受教于吴老师的学术滋养，细想起来，吴老师身上还有很多可贵的品格值得我们好好学习。

首先是吴老师对学术的执着和持续耕耘。我于2004年入吴门读博之时，吴老师已将近70岁。由于对学科的卓越贡献，2005年他被聘为北京大学哲学社会科学资深教授。虽然在图书馆学领域已是功成名就，著作等身，但吴老师没有因为年事已高安享晚年，而是依然笔耕不辍，持续关注图书馆学基础理论研究，并与时俱进高度重视信息技术对图书馆学界业界的影响。在很多重要的学术会议上仍然精神矍铄地发表真知灼见，而且许多约稿、发言稿都是一笔一画写在稿纸上。这种精神充分体现了吴老师对自己所选择的事业的挚爱和追求，真正体现了与图书馆学携手一生，这也为后辈学人树立了榜样。这种对学术的追求和执着，正如吴老师在接受采访时引用的宋代袁燮《题习斋》中所言"矧惟君子学，吾道深而宏"。

其次是吴老师谦虚谨慎、提携后进的品格。"求精专""求实用""求广博"是吴老师经常向学生们提的要求，吴老师自己也是这么做的。记得写博士毕业论文的日子里，需要做大量的问卷调查。当时我还不认识几位馆长，也还没有"问卷星"之类的网络调查工具，对去各图书馆发放问卷有点畏惧，是吴老师亲自给多位馆长打电话，拜托他们多多支持，因此才让我的调查能够顺利开展，为后续的写作打下良好基础。还记得，当我的博士论文准备出书之时，吴老师欣然作序，并一字一句工整地誊写在稿纸上，我将感激之情深藏于心。对于吴老师来说，提携后进是自然而为。据我所知，吴老师除了关爱自己的学生，也十分注重提携其他青年才俊，他非常愿意助推青年人走上更广阔的舞台，让他们能够有更多展示自我的机会。我想，这也体现了一位学界长者对学科的深厚感情，对学科未来发展接班人的培养。

吴老师总是温文尔雅，透露出他对别人的尊重。用先生自己的话来说，就是他一生珍重和谐的环境，努力在他所能影响到的范围内，创造一个和谐的人际环境与友善的氛围。吴老师也确实是这么做的。先生在图书馆学界业界可谓高山仰止，取得了巨大的成就，为图书馆事业做出了巨大的贡献，他的智慧和才能自不必多说，但更加让人敬佩的是他为人谦和、尊重他人、关爱后辈的高尚品德。

再有两年就是吴老师米寿，衷心祝愿吴老师身体健康，寿比南山，泽被图林！我们作为吴老师的学生，唯有继续努力，不辜负老师的培养和期望，踏实做人，扎实做事，将先生的学术思想和品格不断传承下去。

2004 级博士生　唐承秀

2023 年 7 月

高山仰止 景行行止

2002年秋天，东北师范大学信息传播与管理学院主办了一场学术会议，还在读研二的我作为会务组成员，非常荣幸地有了与图情领域顶级专家接触的机会，那是与吴老师的初识。吴老师学术精湛，谈吐儒雅，让我有了跟随吴老师读博士的想法。经过一年多的准备，2004年秋天，我正式步入北大，师从吴老师，命运的齿轮从那一刻开始转动了起来。

学高为师，身正为范。吴老师是图书馆学领域的大家，他对学术研究的孜孜以求，对理论研究的前瞻洞见，对学术热点的敏锐触觉，对教学与科研并重……所有这些都是我终身学习的财富。2005年，我作为《高校图书馆工作》的特约记者，曾经对吴老师进行过学术访问，老师对过去20年图书馆学基础理论研究的总结、对新的社会环境下图书馆学学术研究发生的变化、对于21世纪图书馆学学术体系的展望，高屋建瓴，有很多观点即使在近20年后的今天都不过时，特别是他对图书馆学理论研究的预判、对图书馆人应具有的研究能力的要求，放至今天仍然是适用的。

暗夜里的一道光。在北大读博士不是一件容易的事，于我而言，也不是一件顺利的事情，面临各方面的压力，学习上的、生活上的、家庭里的，我抑郁了很长时间。吴老师了解到情况后，耐心地开导我，还记得 2005 年的五一，吴老师和师母知道了我男朋友来北京后，专门请我俩吃饭，"不要有太大压力"，他用最温柔、最贴心的话语来安抚我的情绪。也正是得益于老师和师母的开导，我终于走出了那段至暗时刻。现在回想起来，我是有多幸运，在最难的时候，有导师帮着我、扶着我、领着我走出困境。

吴老师是一座灯塔，照亮了我前行的方向。2007 年，吴老师受邀到上海大学讲学，针对上海大学二级学科硕士点图书馆学、情报学、档案学分属不同院系和机构的问题，他提出了专业整合与归并的建议。2008 年 10 月，上海大学图书情报档案系成立，真正整合了三个二级学科。我也被吴老师推荐到了上海大学，开启了我的工作生涯，临毕业时，吴老师谆谆教导，"刚刚工作，要放低姿态，不要认为你是北大的就骄傲，要谦虚""要踏踏实实做人、认认真真做事"。吴老师的教导让我终身受益。15 年来，每每遇到工作上的困难，我总是第一时间向老师汇报、请教，吴老师也总是帮着我分析，跟我一起寻找解决问题的方法。我的职称问题一直是老师的心病，"做学问是根本啊""早点解决职称问题啊"，老师关心的从来都是学生最在乎的问题。生活上也一样，"爱人工作怎么样了？""孩子上学了吧？"虽然已经离开校园，北京—上海，跨越千里，吴老师的关心却从来都萦绕在身旁。

我对于吴老师的感情，是感谢，是感激，也是感恩，自己是如此的幸运，能够拜于吴老师门下。除了踏踏实实做人、认认真真做事外，我也从吴老师那里学到了如何做一个好导师，也许这就是一种传承吧。未来，唯有继续努力、加油、奋斗，才不会辜负老师的殷切期望。希望有一天，老师能够为我感到骄傲！

2004 级博士生　王丽华

2023 年 7 月

不忘师恩，一路前行

时光倒流至 2000 年的那个夏天，我参加高考，一本第一志愿滑档后，被安徽大学图书馆学系录取，从此与图书馆学结下了深厚的缘分。大学期间，我怀着对高考滑档的不甘与遗憾，坚定目标要报考北大图书馆学专业的硕士。功夫不负有心人，上天眷顾我，我考入了万千学子梦寐以求的最高学府——北京大学。如果说，考上北大研究生是我此生的一个幸运转折点，那么有幸能够成为吴老师的弟子则是我此生更大的幸事。

初见吴老

直到今天，我都还清晰记得第一次见到吴老师的情形。硕士第一年，我就选修了吴老主讲的一门专业课程。吴老师在我们图书馆学学子心目中是泰斗级人物，本科入门所学的专业基础课程"图书馆学概论"便是用吴老师主编的经典教材。我心中对吴老师充满了敬仰与崇敬，期盼能够亲眼见到并聆听吴老的授课。第一次课上见到了吴老师，竟没有一点生疏的距离感，他衣着朴实，眉宇间透露着慈祥，笑起来让人觉得很温暖，更像一位和蔼可亲的长辈。他拿着厚厚的一沓讲义，上面是他手写的密密麻麻的备课笔记。吴老师讲课非常细致，深入浅出，课程内容逻辑缜密，丰富翔实。有时，他会停下来抛出一个问题，让大家自由讨论、各抒己见，当学生发表自己的见解时，他会时不时地用眼神、微笑和点头给予鼓励、赞许。吴老在课上娓娓道来、循循善诱，我感到由衷的幸运和感激。北大一直以来群星璀璨、大师云集，能够当面聆听大师们的教诲，感受学者们的治学风范，实在是一笔非常宝贵的人生财富。

拜入师门

硕士第二年，同学们都为了找工作、考公务员而四处奔波，我却做了另一个选择和决定，就是考博。也许是觉得两年的硕士实在太过仓促，也许是不舍美丽的燕园，想留下来再深造几年、细细品味，总之我毅然报考了吴老师的博士。考前那两个月，我从早到晚泡在图书馆，钻研复习，上天再次眷顾我，我成功考中了。至今都还记得当时激动兴奋的心情，考前就听说吴老师每年只招一个博士，考试难度还是相当大的，能考上实在是幸运之至。入了师门，发现吴老师的弟子人才辈出，不乏学界翘楚和行业佼佼者，无形之中感到多了几分压力。读博四年是我人生中非常珍贵的时光，能够近距离接触观察吴老师，倾听他的教诲，在他的言传身教、治学风范的深深影响下，我在学业和研究方面也有了很大进步，在专业功底和学术素养方面打下了扎实的基础，同时也为日后的工作奠定了几分自信和底气。

多年来，每每想到自己是吴老师的弟子，都有一股强烈的自豪感和幸福感，这不仅源于吴老师在学界德高望重的地位，更主要是因为他的深厚涵养和人格魅力，在潜移默化中给予我们前行的力量。吴老师多年来辛勤耕耘、潜心治学，致力于图书馆学事业的发展，退休后依然保持每日看书学习和研究的习惯，笔耕不辍。他躬身力行，在学术方面勤勉严谨求实，研究建树颇多，同时，对待学生也是悉心指导和高标准严格要求。我的博士论文从选题、撰写到最后的成稿，吴老师花费了很多心思指导，他当时已近 80 岁高龄，眼睛看文字比较费力，还一字一句地认真修改、批注我的论文，前前后后修改过数稿，为此我感动不已。他曾经跟我说，北大这个门不易进，要珍惜，做学问要严谨扎实、不能浮，这是作为北大学生应当具备的基本素养，这些话也一直鞭策我至今。更令我感动的是，像吴老师这样的巍然大家，对待学生从没有任何架子，他待人热情，谦和宽厚，跟弟子们亦师亦友，也关心、爱护和提携后辈。在攻读博士期间，吴老师经常听取我们在学习方面的进展汇报和心得，尊重我们在研究上的新想法和计划，鼓励我们独立思考、敢于创新。在吴老师的鼓励和支持下，我在攻读博士期间申请了国家留学基金委资助的项目，作为访问学者去美国伊利诺伊大学香槟分校深造一年。留美期间，吴老师也时常在电话里关心我的生活，嘱托我在外照顾好自己，注意安全，好好学习，踏实做研究。这些点点滴滴我都记在了心里，甚为温暖。

师恩永续

博士毕业那年，由于我先生在深圳工作，在吴老师的引荐之下，我来到了深圳图书馆工作。深圳图书馆是当时公共图书馆界的标杆，我很高兴能够拥有这样的起点和平台，希望能将专业学识和工作实践充分结合，在工作中施展抱负有所作为。工作之后的这 10 余年来，我与吴老师有过短暂的几次见面，平时一直保持着定期通电话的习惯。虽然他很少提及对我的期望和要求，但我知道，他一直都在默默关心着每位弟子的成长与进步，除了生活、家庭和健康，还有职业晋升和学术水平上的提高。所以我每次在工作和研究上有了新的收获和成就，都会第一时间打电话向他汇报，每当遇到工作中的困惑和挫折，我也会向吴老师敞开心扉，他会从导师和长辈的角度给我提供建议，帮助我化解难题。

近几年，未能去北京探望吴老师和师母，甚是想念。有时候忙于工作和家庭琐事，很长时间忘记给吴老师打电话，而吴老师经常会主动打视频电话过来，问询我们的近况。自从入师门以来，吴老师对我的帮助和提携非常之多，但作为弟子我能为他做的却非常少，唯有关心和问候下他的身体健康，这让我觉得很愧疚。吴老师如今已是耄耋之年，看到视频里他老人家虽然多了一些白发，但依旧思维敏捷、精神矍铄，这是最让我们欣慰之处。泽流及远，千里思源，这份浓厚的恩情我将永怀于心，必牢记恩师教诲，不负吴老师的殷切期望，踏实做人，勤奋工作，知行合一，在师恩的引领下不断前行。也衷心祝愿吴老师身体康健，顺遂如意，福如东海，寿比南山！

2006 级博士生　蔡箐

2023 年 7 月

附录 图书馆学 40 年大事记 ①

　　1978 年 6 月，教育部召开全国高等学校文科教学工作座谈会。北大、武大共同确定图书馆学教学方案并决定协作编写教材。

　　1979 年 1 月，全国文献工作标准化技术委员会在无锡成立。

　　1979 年 7 月，刘国钧当选为中国图书馆学会第一届理事会名誉理事。

　　1979 年 7 月，中国图书馆学会成立大会暨第一次会员代表大会在山西太原召开。

　　1979 年 12 月，《汉语主题词表》开始陆续出版。

　　1980 年 1 月，创刊于 1956 年的《中国科学院图书馆通讯》几易其名，1980 年改为现在的《图书情报工作》。

　　1981 年 3 月，中国图书馆学会学术委员会在四川峨眉山召开了"图书馆科学管理专题学术讨论会"。

　　1981 年 9 月，《中华人民共和国高等学校图书馆工作条例》修订。

---

　　① 大事记为吴慰慈教授整理。图书馆学 30 年大事记原文发表于 2008 年广西师范大学出版社《中国高校哲学社会科学发展报告：1978—2008·图书馆学、情报学与文献学》。

1981 年 11 月,白国应编《图书分类学》出版。

1981 年,《大学图书馆动态》创刊,1983 年改为《大学图书馆通讯》,1989 年改为现在的《大学图书馆学报》。

1982 年 1 月,《图书馆杂志》创刊。

1982 年 3 月,《目录学概论》出版。

1982 年 5 月,在北京地区高校图书馆学会的指导下,召开了第一次图书馆自动化专业学术会议。

1983 年 4 月,教育部在武汉召开"全国图书馆学、情报学教育座谈会"。

1984 年 2 月,教育部印发《关于在高等学校开设文献检索与利用课的意见》。

1984 年 9 月,在大连召开的"全国高校图书馆藏书建设研讨会"上首次提出了文献资源和文献资源建设。

1984 年 12 月,第一届全国图书馆学基础理论学术研讨会在杭州召开。

1985 年 11 月,吴慰慈、邵巍著《图书馆学概论》由书目文献出版社出版。

1986 年 11 月,中国图书馆学会在南宁召开全国文献资源布局学术讨论会。

1986 年,首届全国中青年图书馆学情报学理论研讨会在武汉大学召开。

1987 年 12 月,"深圳大学图书馆计算机管理集成系统"通过鉴定。

1988 年 3 月,黄宗忠编著《图书馆学导论》由武汉大学出版社出版。

1988 年 12 月，北京大学图书馆学系、武汉大学图书馆学系合编的《图书馆学基础》和武汉大学、北京大学《目录学概论》编写组编写的《目录学概论》，获得国家教委颁发的第一届高校优秀教材一等奖。

1989 年，中国图书馆学会编辑、出版"中国图书馆学情报学论文选丛（1949—1989）"，并对中国图书馆学会成立 10 年来的科研成果进行首次评奖。

1990 年，北京大学、武汉大学招收首批图书馆学情报学博士生。

1990 年，《中国国家书目机读目录（速报版）》由北京图书馆开始发行。

1991 年 2 月，北京大学图书馆学情报学系、武汉大学图书情报学院合编的《图书馆学基础》（修订本）由商务印书馆出版。

1991 年 2 月，吴慰慈、刘兹恒著《图书馆藏书》由书目文献出版社出版。

1991 年 4 月，沈继武、肖希明编著《文献资源建设》由武汉大学出版社出版。

1991 年 9 月，北京地区高校图书馆自动化研究会成立。

1991 年 9 月，第二届全国图书馆学基础理论学术研讨会在庐山召开。

1993 年 1 月，《中国大百科全书：图书馆学、情报学、档案学卷》出版。

1993 年 12 月，首届海峡两岸图书资讯学术研讨会在上海华东师范大学召开。

1994 年，《中国分类主题词表》由华艺出版社出版。

1995 年 5 月，杜克主编《当代中国的图书馆事业》由当代中国出版社正式出版。

1995 年 12 月，朱岩主编《中国机读目录格式使用手册》由华艺出版社出版。

1996 年 8 月，第 62 届 IFLA 大会在北京召开。

1996 年 10 月，《中国文献编目规则》由广东人民出版社出版。

1997 年 1 月，中宣部、文化部等部门联合发出《关于在全国组织实施"知识工程"的通知》。

1997 年 7 月，"中国试验型数字式图书馆"项目正式启动。

1998 年 5 月，中国高等教育文献保障系统正式启动。

1999 年 1 月，全国文献信息资源共建共享协作会议在北京召开。

1999 年 2 月，徐引篪，霍国庆著《现代图书馆学理论》由北京图书馆出版社出版。

1999 年 2 月，武汉大学信息资源研究中心成立。

1999 年 4 月，"改革开放 20 年中国图书馆事业高层论坛"在常熟召开。

1999 年 7 月，中国图书馆学会 1999 年年会暨成立 20 周年纪念活动在大连召开。

2000 年 4 月，第三届全国图书馆学基础理论学术研讨会在常州召开。

2001 年，北京大学和武汉大学的图书馆学被评为国家重点学科。

2002 年 3 月，中国图书馆学会第六届学术研究委员会成立暨工作会议在北京召开，设有 14 个专业委员会。

2002 年 7 月，教育部高等学校图书馆学学科教学指导委员会成立大会在南开大学举行。

2002 年 11 月 3 日，中国图书馆学会举办的第一届青年学术论坛在郑州召开。

2002 年 11 月 16 日，中国图书馆学会发布《中国图书馆员职业道德准则（试行）》。

2003 年 8 月，于良芝著《图书馆学导论》由科学出版社出版。

2003 年 8 月，王子舟著《图书馆学基础教程》由武汉大学出版社出版。

2003 年，第四届全国图书馆学基础理论学术研讨会在郑州召开。

2004 年 5 月，吴慰慈著《图书馆学基础》由高等教育出版社出版。

2005 年 1 月，"中国图书馆学会 2005 新年峰会"在黑龙江大学召开。

2005 年 7 月，50 余所高等院校的图书馆馆长在武汉大学信息管理学院举办的"中国大学图书馆馆长论坛"上签署

"中国大学图书馆合作与资源共享武汉宣言"。

2005 年 8 月，中国图书馆学会在新疆乌鲁木齐主办以"和谐社会中的图书馆"为主题的中国科协 2005 年学术年会第 32 分会场，达成西部公共图书馆"乌鲁木齐共识"。

2005 年 9 月，中国图书馆学会受文化部委托，承担为《公共图书馆建设标准》编制大纲工作，开编会暨第一次工作会议在京召开，此项目正式启动。

2005 年 10 月，中国图书馆学会在河南林州举办首届"百县馆长论坛"，达成"林州共识"。

2005 年 11 月，"中国图书馆学会第七届学术研究委员会成立大会暨工作研讨会"在浙江杭州召开，设有 15 个专业委员会。

2006 年 4 月，中国图书馆学会科普与阅读指导委员会成立大会在东莞召开。

2006 年 5 月，第一届 Web 2.0 与信息服务研讨会在上海图书馆举行。

2006 年，中国图书馆学会学术研究委员会新增设图书馆史研究专业委员会。

2007 年 9 月，《中国图书馆学报》创刊 50 周年纪念座谈会在中国国家图书馆文会堂举行。

2007 年 11 月 29 日，第五届全国图书馆学基础理论学术研讨会在重庆召开。

2007 年 11 月，"2007 数字图书馆建设与应用研讨会暨成果展示会"在深圳大学城召开。

2008 年 7 月，第九届海峡两岸图书资讯学学术研讨会在武汉大学举行。

2008 年 7 月，吴慰慈、董焱编著《图书馆学概论》（修订二版）由国家图书馆出版社出版。

2008 年 9 月，由文化部负责编制的《公共图书馆建设标准》，经有关部门会审批准发布，自 2008 年 11 月 1 日起施行。

2009 年 4 月，北京大学信息管理系在北京大学勺园召开"《胡适王重民先生往来书信集》出版座谈会"。

2009 年 9 月，中国图书馆学会第八届学术研究委员会成立大会暨工作研讨会在上海召开，新增 4 个委员会，专业委员会达 19 个。

2010 年 11 月，"2010 年图书馆学博士生学术论坛"在北京大学举行。

2012 年 3 月，经北京大学学校批准，百度公司总裁，北京大学图书馆学系 1991 届本科毕业生李彦宏被评为北京大学信息管理系兼职教授。

2013 年 4 月，王子舟著作《图书馆学是什么？》（北京大学出版社出版），荣获第六届高等学校科学研究优秀成果奖（人文社会学科）普及奖。

2013 年 6 月，美国长岛大学教授，北大信息管理系 78 级系友储荷婷来系做了"数字时代的信息管理教学"演讲，其捐赠金将并入关懿娴先生基金，全部用于帮助品学兼优的家庭贫困学子。

2014 年 9 月，《中国大百科全书》第三版"图书馆学卷"

"情报学卷"编写工作会议在武汉大学举行，刘兹恒被聘为"图书馆学理论"分支主编，王子舟被聘为"图书馆学人物、组织与期刊"分支主编，李广建被聘为"情报学理论与方法"分支主编。

2015 年 11 月，由北京大学信息管理系、文化部公共文化研究（北京大学）基地与北京大学国家现代公共文化研究中心主办的"十三五"时期现代公共文化服务体系建设研究讨论会在北京大学举行。同时举行了北京大学国家现代公共文化研究中心成立仪式和文化部公共文化研究基地揭牌仪式。

2016 年 2 月，北京大学信息管理系教授李国新应邀在十二届全国人大常委会第二十一次专题讲座上主讲"对我国现代公共文化服务体系建设的思考"，全国人大常委会委员长张德江主持讲座。

2016 年 5 月，中国图书馆学会第九届学术研究委员会成立大会在上海召开。

2016 年 6 月，刘兹恒主编《ISO、IFLA 图书馆标准规范体系研究》由国家图书馆出版社出版。

2017 年 1 月，《王重民全集》编纂商讨会在北京大学召开，来自北京大学信息管理系、北京大学图书馆、国家图书馆、中华书局、北京师范大学、北京印刷学院、北京工商大学等单位的专家学者 30 余人参加了会议。

2017 年 10 月，韩永进主编《中国图书馆史》由国家图书馆出版社出版。

2017 年 11 月 4 日，第十二届全国人大常委会第三十次会议表决通过《中华人民共和国公共图书馆法》，2008 年 1 月 1 日起施行。

2019 年 3 月，吴慰慈、董焱编著《图书馆学概论》（第四版）由国家图书馆出版社出版。

后记

2023年7月初，吴老师打电话让我帮忙校对一本书。作为学生，我很惊喜——八十多岁的吴老又出新作了？随后，国家图书馆出版社张颀编辑跟我联系并寄来了一稿，上面有邓咏秋等编辑详细的审阅意见。吴老师文集初稿完成于2018年9月，共收文章20篇，因为疫情耽误至今。从书稿的内容看，时代印记比较明显，怎样出好这本书？我决定到北京去，向吴老师和编辑们当面讨教。

7月12日，我带着西安工程大学新媒体艺术学院的两位研究生乔正鑫和季宇萌从西安出发，他们负责拍摄和记录这个过程。第一站是吴老师家，主要任务是调整大纲，在老照片里"挖挖宝"。查找照片，核实时间、地点、人物，调整大纲等工作进行了一天。吴老师没有午休，思路非常清晰，这种精气神让我十分羡慕。当天恰逢吴老师生日，张久珍、李华伟组织了师门聚会，从京城内外赶来近20人。我顺便向同门征集随笔，希望能回忆起更多可读的细节。

次日，我们来到了位于文津街的国家图书馆出版社。这里是国立北平图书馆旧址，现为国家图书馆古籍馆。在样本室，邓咏秋介绍了审编意见，除了文章编排，她更关注此书能为读者带来什么启发。张颀介绍了成稿过程，有一句话深深地打动了我。他说:"我们不能简简单单出一本书,我们想做得更好!"

　　回到西安,根据出版社的建议,我与吴老师商量后调整了目录,增删了几篇文章,落实了部分文稿的原载处,逐页修订并完善细节。其间,陆续收到杨文祥、唐承秀、蔡箐和王丽华发来的照片和随笔;学生拍摄的短视频几经修改也完成了;为了核实一些细节,我还麻烦了北京大学张久珍、上海大学王丽华、天津财经大学唐承秀和杭州图书馆屠淑敏,在此一并致谢。

　　如果说这本书能带给读者什么收获,我想可能是一些首次发表的文稿,一些历史转折时期的见证和思考,更多的是吴老对图书馆学一生的热爱和奋斗精神。这种精神体现为一种平易近人的学者风范和孜孜以求的榜样力量。

谷秀洁

2023 年 7 月 30 日